主编 / 吴　伟　徐贤春

科教发展评论

REVIEW ON SCIENCE, TECHNOLOGY & EDUCATION DEVELOPMENT

第九辑

ZHEJIANG UNIVERSITY PRESS
浙江大学出版社
·杭州·

图书在版编目（CIP）数据

科教发展评论. 第九辑 / 吴伟，徐贤春主编. —杭州：浙江大学出版社，2022.9
ISBN 978-7-308-23050-6

Ⅰ. ①科⋯ Ⅱ. ①吴⋯ ②徐⋯ Ⅲ. ①高等教育—中国—文集 Ⅳ. ①G649.21-53

中国版本图书馆 CIP 数据核字（2022）第 168356 号

科教发展评论（第九辑）

主编 吴 伟 徐贤春

责任编辑	李海燕
责任校对	孙秀丽
封面设计	雷建军
出版发行	浙江大学出版社
	（杭州市天目山路 148 号 邮政编码 310007）
	（网址：http://www.zjupress.com）
排 版	杭州青翊图文设计有限公司
印 刷	杭州高腾印务有限公司
开 本	787mm×1092mm 1/16
印 张	5
字 数	122 千
版 印 次	2022 年 9 月第 1 版 2022 年 9 月第 1 次印刷
书 号	ISBN 978-7-308-23050-6
定 价	25.00 元

目　录

Contents

Reviser: Wang Zhiguang

Further Integration of Research and Education to Support National Independent Development of Talents and Science: Exploration and Deliberation on the Approaches of "Double World-Class Project" Construction from University of Science and Technology of China

深化科教融合，服务国家人才培养与科技自立自强
——中国科学技术大学"双一流"建设路径探索与思考①

|罗喜胜|　|申成龙|

【摘　要】　在国家新一轮"双一流"建设背景下，本文通过动力洋葱模型探究"科""教"融合的内生动因，梳理了中国科学技术大学科教融合办学的先行实践经验和特色路径，提出深化科教融合建设世界一流大学、支撑国家人才自主培养体系建设和高水平科技自立自强的战略路径与思考。研究从推动科研与教学的内生聚合、以高水平人才自主培养为核心、构建科教资源内外循环新格局等方面，提出加大科教融合的力度、深度和广度，同时依托重大科技基础设施集群，在开展全链条、跨部门协同攻关的科研教学产业实践中，实现人才培养和科学研究的"当地国际化"。

【关键词】　双一流；科教融合；科技自立自强；人才培养

---

①作者简介：罗喜胜，中国科学技术大学党委常委、副校长，教授，博士生导师，研究领域为实验流体力学。

　　申成龙，中国科学技术大学发展规划处处长，教授，博士生导师，研究领域为空间物理。

当前我国已踏上全面建设社会主义现代化国家、向第二个百年奋斗目标进军的新征程。进入新发展阶段，习近平总书记指出，"双一流"建设要"牢牢抓住人才培养这个关键"，"突出培养一流人才、服务国家战略需求、争创世界一流的导向"[1]。2022年初，教育部、财政部、国家发展改革委联合印发《关于深入推进世界一流大学和一流学科建设的若干意见》（教研〔2022〕1号），部署新一轮"双一流"建设任务。在4月13日召开的新一轮"双一流"建设推进会上，教育部部长怀进鹏进一步强调，"双一流"大学要超常规培养急需高层次人才，强力支撑高水平科技自立自强，以打造世界重要人才中心和创新高地为使命，成为"国之重器"、国之动力。[2]

一、新时代"双一流"建设的形势与要求

（一）科技创新范式和人才培养模式面临重塑

以人工智能、量子科学、基因工程、智能制造、新材料、新能源等为标志的第四次工业革命迅猛发展，信息、生命、能源、空间等领域深度交叉融合，催生了大量新产业、新业态、新模式，对科技创新和人才培养的内在要求发生了颠覆性变化。

科学研究的复杂性、系统性、协同性日益增强，重大科学发现越来越依靠重大科技基础设施，集中建制化的"大科学"和"转化研究"逐渐形成主导和牵引，科学研究体系和研究范式、产业创新体系等均有待变革。[3]为提升创新体系整体效能，国家构建和强化以国家实验室、国家科学技术研究开发机构、高水平研究型大学、科技领军企业为重要组成部分的国家战略科技力量。

与此同时，在互联网的冲击下，认知、教学的方式发生改变，慢节奏、长周期、陈旧和细分学科框架下的人才培养模式面临与时代脱节的挑战。[4]新时期我们需要进一步探索人才培养的新理念、新规律、新技术和新方法，"突破常规，创新模式，更加重视科学精神、创新能力、批判性思维的培养教育"[5]，提升人才培养质量和速度。如欧林工学院三角课程哲学及产学融合项目训练、麻省理工学院媒体实验室"反学科"发展等都是有益的尝试，以问题导向在"科研"和"工程"的场景培育人才。

（二）国家发展对科技与人才的自立自主提出紧迫要求

从"向科学进军"到"科学技术是第一生产力"，从实施科教兴国战略到建设创新型国家，从实施创新驱动发展战略到开启建设世界科技强国的新征程，中国已经成为具有重要影响力的科技大国，迫切需要抓住新一轮科技革命和产业变革带来的绝佳天时。科技的自立自强和人才供给的自主可控，是可靠和永恒的生产力。

习近平总书记指出，"要走一条更高水平的自力更生之路，实施更高水平的改革开放"[6]，"强调人才自主培养，绝不意味着自我隔绝"[7]。不仅要创造性地结合新形势加强国际交流，更要打造影响全球的话语体系。在科技遏制和封锁持续升级、疫情肆虐的背景下，要寻求人才培养的"当地国际化"，塑造具有跨文化能力和国际视野的创新英才，实现"国际替代化"，加快解决"卡脖子"问题，牢牢把握创新发展的主动权。[8]

党和国家各项事业的发展对实现高水平科技自立自强、走好人才自主培养之路提出了更高更紧迫的需求。作为科技、人才和创新的结合点，一流大学建设"要把发展科技第一生产力、培养人才第一资源、增强创新第一动力更好结合起来"[9]。围绕服务国家人才自主培养和高水平科技自立自强的

使命担当，强化"科"与"教"的多层面全方位的深度融合，将成为新时代下推进"双一流"建设的战略路径——"把一流师资和科研优势有效转化为人才培养的优势，把一流人才培养的优势深刻转化为服务国家战略任务和知识创造的能力优势"[2]。

二、科教融合的演化与动力

在全球科技创新发展和高等教育发展历史上，科教融合的理念与实践始终贯穿其中。科教融合肇始于 19 世纪初德国洪堡大学，首次明确教学与研究相统一的理念，是古典大学蜕变为现代大学的创新之举。此后美国约翰霍普金斯大学将科教融合进一步制度化，成立世界首个研究生院，成为研究型大学的发端。[10]

科学研究与高等教育的紧密结合逐渐成为全球高等教育改革发展的必然趋势和选择，推动人才培养模式在更深层次上进行改革与创新，在世界一流大学和顶尖科研机构于本国生长和集聚中起到了举足轻重的作用。如美国麻省理工学院采取"研究—学习—行动"相整合的教学方式，即通过设立科研项目帮助学生了解、掌握世界前沿问题[11]；加州大学伯克利分校与美国劳伦斯伯克利国家实验室、加州理工学院与美国航空航天局等共同开展卓越科研合作，得以始终走在科技创新一线，产出了大批原创性成果，培养了大批顶尖创新人才，有力推动了国家成为全球科技创新和人才高地。

科学研究与教育教学的融合将知识的创造、传播与扩散、传承及创新有机统一，借助动力洋葱模型进行分析，我们可以从宏观的国家层面逐一深入微观的科教活动本身，总结"科""教"融合的深层动力（见图 1）。

从微观的科教活动层面来说，高水平科研过程中培养高层次创新人才已经成为人才培养，尤其是研究生教育的内在规律。而教学亦能反哺科研，甚至改造研究和实践。这是科教融合最深层动力，来自知识传授与知识创新的内在一致性。

从科教参与者层面来看，科研是内在探究，教学是外在传授，科教融合统一于教师。实践证明，教师从事前沿的科学研究对学生的学术成长具有积极作用。科教的互惠与支撑是这一层级融合的动力。

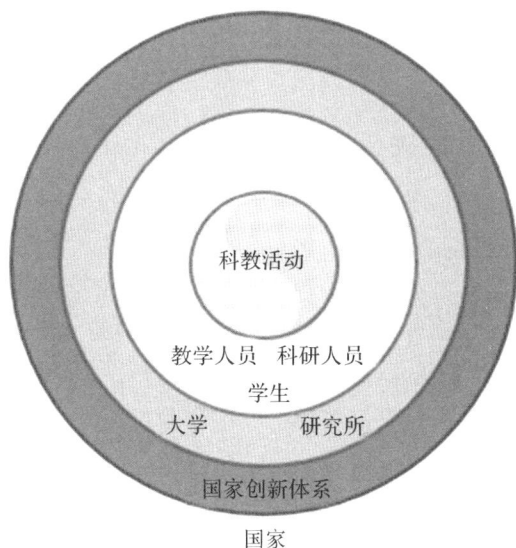

图 1　科教融合的动力洋葱模型

从大学或研究所层面而言,大学集中了人才培养、科学研究、学科建设、文化传承等多重使命,学科围绕知识领域来组织,相对体系化,学科生态健全,评价维度多元。研究所围绕科学问题开展工作,职责相对聚焦,学科专而不全,评价主要针对科研成果。然而二者互有需求,在科研上,研究所需要大学的学科支撑,大学的科学装置建设、项目与成果转化工作需要研究所助力;在人才培养方面,研究所需要大学补充或直接输送人才,大学则需要研究所提供前沿科学和实践。双方在优势互补的基础上,能够实现科学研究和教育教学的双向支撑,产生碰撞和增量。

对国家创新体系而言,动力源自新形势下建设一流研究机构和大学的目标。科教融合是在新发展形势下构建人才自主培养体系,实现高水平科技自立自强的必然选择。"需要全社会范围内科教事业的协同与互动,教育促进科学、科学引领教育,在战略和组织运行体系高度协同。"①且国家战略科技力量通过国家实验室、国家科研机构、高水平研究型大学、科技领军企业多种主体协同创新,提升国家创新体系整体效能,解决人才培养、基础研究、技术科学、产业应用的全链条问题。

三、中国科学技术大学科教融合的特色路径

我国高度重视高等教育事业发展,科教融合模式不断深化。2012 年教育部和中国科学院联合实施"科教结合协同育人行动计划",2022 年《关于深入推进世界一流大学和一流学科建设的若干意见》(教研〔2022〕1号)专章提出"深化科教融合育人"[12]。科教融合理论和实践快速发展,为国家世界一流大学建设打下了坚实基础。

作为中国科学院办大学、教学与科研一体化建设的典型产物,中国科学技术大学开创了我国教育史上的先例。在"全院办校、所系结合"办学方针的引导下,中国科学技术大学不断突破,在科教融合方面做出了非常重要和具有开拓性的实践。

(一)开创所系结合的办学新路径——所系结合(1.0)

20 世纪 50 年代,新中国科学事业刚刚起步,后备人才匮乏。1958 年,中国科学院开始科研机构办大学的探索,通过"全院办校、所系结合",创办了一所新型的大学——中国科学技术大学,为研制"两弹一星"培养尖端科技人才,成为"我国教育史和科学史上的重大事件"②[13],并取得明显实效。中国科学技术大学围绕"全院办校、所系结合"提出了全新的办学理念和办学模式,这在当时属于大胆的创新:

其一,实行科学与技术相结合。在"两弹一星""四大紧急措施"(计算技术、半导体技术、无线电电子学、自动学和远距离操纵技术)的国家需求背景下,学校的专业设置实行理工结合、科学与技术结合。所设立的 13 个系 41 个专业,均体现尖端、边缘、新兴、交叉学科对人才的需求,绝大多数专业是国内空白或紧缺专业,如原子核物理与原子核工程系、技术物理系、化学物理系、物理热工系、力学与力学工程系、应用数学与计算机系等。"原来的十三个系都是最近二三十年新发展的科学技术部门,即所谓'尖端

---

① 《科教融合战略性科技人才培养》,吴伟,2022 年浙江大学科教融合论坛。

② 1958 年 9 月 20 日中国科学技术大学成立暨开学典礼上,聂荣臻副总理指出:"(中国科学技术大学的诞生)将是写在我国教育史和科学史上的一项重大事件。"

科学'。"①[14]对于"尖端"的认定,学校更是思路明晰地指出,"一纵一横的科学技术研究都是我们所说的'尖端'","纵"是向高层突破,"要向未知的领域突进,揭破自然界的更深的秘密,掌握还在隐蔽着的物质和规律,找到钥匙来向自然界的最秘密的宝库中取宝"。"横"是向全面铺开,"把新科学新技术的成果或者加以综合创造,投入生产,投入国防建设,以提高人们的物质生活和文化生活的水平,以保卫革命胜利的成果,以保卫祖国的安全。"②古今呼应,"一纵一横"与2018年习近平总书记对科学技术大学"瞄准世界科技前沿,立足国内重大需求"的指示,要求是高度一致的。

其二,是实行教育与科研相结合。依托"全院办校、所系结合"的办校方针,中国科学院发挥人才、设备等优势,全力支持建校,中国科学院的研究所和中国科学技术大学的各个系对口合作,科学家兼任学校、系领导,承担专业设置、教学计划、教学大纲甚至编写讲义等一系列工作。建校伊始,中国科学院每年到校授课的科研人员达300人次,马大猷、贝时璋、严济慈、华罗庚、钱学森、赵九章、赵忠尧等一批德高望重的科学家亲自授课,保证了高起点、高水平的教学质量(见表1)。他们在讲授基础课时,强调扎实的基础知识对科研探索起到的支撑作用;讲授专业课时,又强调前沿的研究成果对新兴学科发展起到的推动作用。学生在前三年进行"比较严格的科学基本知识和技术操作训练",到四、五年级进入研究所进行科研实践,从而把教学与科研、理论与实践紧密结合起来。"这种大学和研究机构结合在一起……中国科学技术大学就是在这样的要求下筹办的。"③

表1　建校初期系科专业情况[15]

系别	专业	系主任	中国科学院任职
原子核物理和原子核工程系	原子核物理、原子核工程	赵忠尧	原子能所副所长
技术物理系	半导体物理、铁氧体、低温物理、固体物理	施汝为	物理所所长
化学物理系	高速化学反应动力学、物理力学	郭永怀	力学所副所长
物理热工系	燃气轮机及喷气发动机、原子能动力、工程热物理	吴仲华	动力室研究员
无线电电子学系	无线电技术、声学、电子学、电波天线	顾德欢	电子所所长
自动化系	自动学、远动学、自动化技术工具、自动化计算技术	武汝扬	自动化所所长

---

① 1959年开学典礼上郭沫若校长的讲话。《郭沫若校长在1959级新生开学典礼上的讲话》,中国科学技术大学档案,1959-WS-Y-23-3。
② 1958年9月20日中国科学技术大学成立暨开学典礼上郭沫若校长的讲话。《郭沫若校长在开学典礼上的致辞》,中国科学技术大学档案,1958-WS-Y-13-2。
③ 1958年9月20日开学典礼上聂荣臻副总理的讲话,详细说明了国家创办中国科学技术大学的思路,指明了学校办学方针和特色。

系别	专业	系主任	中国科学院任职
力学和力学工程系	高速空气动力学、高温固体力学、土及岩石力学、化学流体力学	钱学森	力学所所长
放射化学和辐射化学系	放射化学、同位素化学、辐射化学	杨承宗	原子能所研究员
地球化学和稀有元素系	稀有分散元素地球化学、放射性元素地球化学、同位素地球化学、地球化学、稀有元素	侯德封	地质所所长
高分子化学和高分子物理系	高分子合成、高分子物理、高分子物理化学、重有机合成	华寿俊	化学所副所长
应用数学和电子计算机系	应用数学、电子计算机、工程逻辑	华罗庚	数学所所长
生物物理系	生物物理	贝时璋	生物物理所所长
应用地球物理系	高空大气物理、天气控制	赵九章	地球物理所所长

（二）完善"四位一体"融合机制建设——科教协同（2.0）

1970年初，中国科学技术大学迁至安徽省合肥市后，坚持"精品办学、英才教育"，进行了一系列具有创新精神和前瞻意识的教育改革，不断拓展科教结合的新局面，逐步在人才培养理念、学生选拔机制、课程体系、管理机制和国际化培养等方面取得了显著进步。如创建全国首个研究生院，在高校中率先承担国家大科学工程"国家同步辐射实验室"建设，开办科技英才班等创新举措。

经过多年的探索和实践，学校坚持以"科教融合学院"为主平台，以"所系结合研究生培养基地"为拓展空间，加快完善人才培养、导师队伍、学科建设、科学研究的"四位一体"融合机制建设，进一步做实做强科教融合和所系结合体系。

在人才培养方面，学校结合本科生和研究生教育特点，开展不同类型的科教融合。本科生教育层面，积极推进与中国科学院相关研究院所、领军企业等合作共建科技英才班，注重因材施教和个性化培养，努力突破"流水线式"人才培养的局限，全面实施"两段式、三结合、长周期、个性化、国际化"的人才培养新模式（见图2）。学生第一阶段在中国科学技术大学学习基础课，接受通识教育；第二阶段在中国科学技术大学、中国科学院研究所、国外名校参与科研实践，进行联合培养。"三结合"包括科教结合，把科学技术的最新发展及时融入教学内容，给学生接触科学研究前沿的机会；理实结合，通过理论结合实践提升学生的原始创新能力；所系结合，利用学校与研究所密切合作、资源共享、优势互补的办学模式和优良传统，优化学生全过程的成长条件。"长周期"是指中国科学技术大学的英才教育是以学生获得硕士、博士学位为目标来开展的，实行长周期培养。研究生教育层面，选取与学校学科互补、所系结合基础好的研究院所成立科教融合学院并探索建立所系结合研究生培

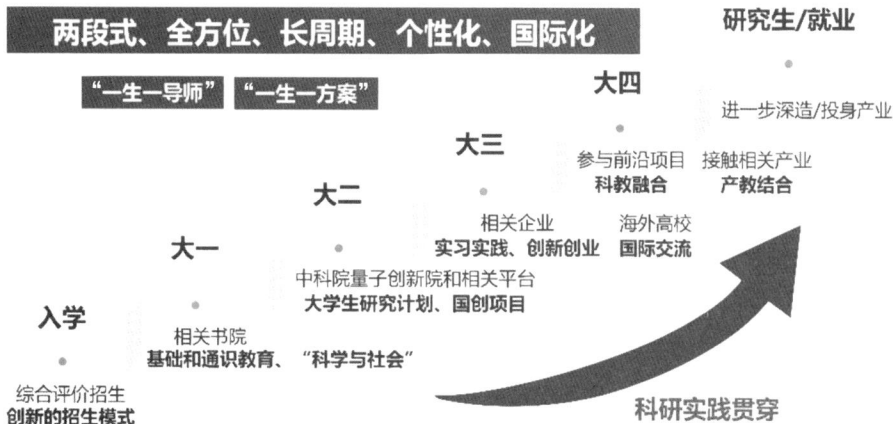

创新的育人模式和革新组织形式

两段式、全方位、长周期、个性化、国际化

"一生一导师"　"一生一方案"

研究生/就业

大四

进一步深造/投身产业

大三

参与前沿项目　接触相关产业
科教融合　　**产教结合**

大二

相关企业　　海外高校
实习实践、创新创业　**国际交流**

大一

中科院量子创新院和相关平台
大学生研究计划、国创项目

入学

相关书院
基础和通识教育、"科学与社会"

综合评价招生
创新的招生模式

科研实践贯穿

图 2　中国科学技术大学依托科教融合传统的一流人才培养模式

养基地,实现学校与中国科学院研究所研究生教育的实质性整合,"统一招生、统一教学培养、统一管理、统一学位授予",形成"科教联盟"。

在师资队伍方面,创新体制机制,如完善人才互聘机制、设立专项、完善分类聘用管理办法、加强激励机制,进一步丰富高水平师资来源,推动所系结合、科教融合单位及校本部多学科导师间的学术交流,提升导师的积极性与归属感,引导深度合作。

在科研方面建立健全科研合作、平台共享、平台共建机制,促进建制化优势的发挥,推动校所双方联合重大科研任务、开展科研协同攻关,共同建设创新研究院、卓越创新中心、国家重点实验室、国家研究中心等高层次科研平台。

在学科方面围绕国家急需、瞄准科技前沿和关键领域,强化优势学科、潜力学科、战略新兴学科建设,积极融入长三角区域一体化发展等国家战略,发展高等教育国际化。

四、新时代中国科学技术大学"双一流"建设的战略思考

中国科学技术大学瞄准世界科技前沿,

立足国内重大需求,坚持"全院办校、所系结合"推进世界一流大学建设,取得了丰硕的办学成果,得到了党和国家的充分肯定。

在新形势、新要求、新征程下,中国科学技术大学将进一步总结、凝练办学特色,完善体制、机制,推动科研与教学的内生融合,以中国科学院的强大科技力量为支撑,不断深化和拓展"科教融合"路径,在支撑国家人才自主培养体系建设和高水平科技创新自立自强上作出"科大贡献"。

(一)加强科教融合力度,多层面全方位推进内生聚合

推动新时期"科教融合""所系结合"工作实现新突破,不断发展以人才培养为纽带、以学科共建和科研合作为基础、以增强文化认同为目标的科大发展"星座模式"。在科教活动层面,开设"科学与社会"新生研讨课、交叉课程、大师讲座,编写前沿教材,打造"金师""金专""金课"等;在科教参与者层面,推进教授为本科生上课,本科生100%进实验室,参与大学生创新计划、国创项目,一体化研究生培养,全面实施"两段式、三结合、长周期、个性化、国际化"的人才培养新模式;在联合机构层面,面向新型和

交叉学科领域构建海外联合培养计划、科教融合学院、所系结合培养基地、产教研融合培养项目的分层管理体系;在国家创新体系中,探索建立未来技术学院、科技商学院等。

起国际大科学计划,为人才提供国际一流的创新平台,探索人才培养和科学研究的"国际化替代"和"当地国际化"。

(二)挖掘科教融合深度,探索人才培养和科学研究的"当地国际化"

强化国家战略科技力量,构建以高水平人才自主培养为核心的科教融合新模式,挖掘合作深度。借鉴加州大学伯克利分校与劳伦斯伯克利国家实验室等国际经验,选取具有地缘优势和长期科教融合实践积累的国立科研机构进行试点。促进科学、技术、工程的深度交叉耦合,共谋共建大平台、大项目、大计划和重点实验室等,依托重大科技基础设施集群,在开展全链条、跨部门协同攻关的科研教学产业实践中,培养基础科学、工程技术以及特殊领域等国家急需人才,造就一批科技领军人才和创新团队。发

(三)拓展科教融合广度,形成科教资源内外循环新格局

促进建立开放办学机制。拓展并深化与中国科学院院内研究所科教融合、院外单位联合培养等,完善院内优质科教资源共建、共享,系统构建有中国科学院特色的高等教育体系,促进科学研究、学科建设与创新人才培养密切结合、协同发展和优势互补,实现科技、教育双轮驱动。与此同时,围绕国家急需、瞄准科技前沿和关键领域,积极融入长三角区域一体化发展等国家战略,探索共建一流学科联合体、共享优质高等教育资源、共创重大科技创新载体、共引高层次创新人才、共织国际高校合作网络等,形成科教资源的共享流动。

参考文献

[1] 新华网.习近平主持召开中央全面深化改革委员会第二十三次会议强调加快建设全国统一大市场提高政府监管效能深入推进世界一流大学和一流学科建设[EB/OL].(2021-12-17)[2022-04-28].http://www.news.cn/politics/leaders/2021-12/17/c_1128174996.htm.

[2] 教育部.怀进鹏同志在新一轮"双一流"建设推进会上的讲话(节选)[EB/OL].(2022-04-29)[2022-04-30].http://www.moe.gov.cn/srcsite/A01/s7048/202205/t20220525_630371.html.

[3] 潘教峰,鲁晓,王光辉.科学研究模式变迁:有组织的基础研究[J].中国科学院院刊,2021,36(12):1395-1403.

[4] 王树国.第四次工业革命背景下的高等教育变革与发展[J].中国高教研究,2021(1):1-4,9.

[5] 习近平.深入实施新时代人才强国战略加快建设世界重要人才中心和创新高地[J].求是,2021(24):14.

[6] 人民日报.弘扬南泥湾精神,走更高水平的自力更生之路:论中国共产党人的精神谱系之三十[N/OL].人民日报,2021-10-29(1)[2022-04-28].http://paper.people.com.cn/rmrb/html/2021-10/29/nw.D110000renmrb_20211029_4-01.htm.

[7] 杜尚泽.这是一个国家的希望所在[N].人民日报,2021-10-01(2).

[8] 郑淳,闫月勤,王海超.在地国际化的概念演进、价值指向及要素条件:基于欧洲地区高等教育一体化进程的思考[J].江苏高教,2022(3):34-42.

[9] 习近平.加快建设科技强国实现高水平科技自立自强[J].求是,2022(9):10.

[10] 周光礼,马海泉.科教融合:高等教育理念的变革与创新[J].中国高教研究,2012(8):15-23.

[11] 莫甲凤,周光礼.能力、整合、国际化:麻省理工学院工程教育的第三次教学改革[J].现代大学教育,
2016(4):47-54,112.

[12] 教育部,财政部,国家发展改革委.关于深入推进世界一流大学和一流学科建设的若干意见[EB/OL].
(2022-01-29)[2022-04-28]. http://www. moe. gov. cn/srcsite/A22/s7065/202202/t20220211_5987
06. html

[13] 朱清时.中国科学技术大学编年史稿[M].合肥:中国科学技术大学出版社,2008:11.

[14] 方黑虎.郭沫若在中国科学技术大学的办学思想[J].郭沫若学刊,2019(2):19-22.

[15] 丁兆君,丁毅信.中国科学技术大学的创办背景与动因[J].科学文化评论,2018,15(5):39.

Further Integration of Research and Education to Support National Independent Development of Talents and Science: Exploration and Deliberation on the Approaches of "Double World-Class Project" Construction from University of Science and Technology of China

Luo Xisheng,Shen Chenglong

Abstract: In a new round of "Double World-Class Project", this paper is to investigate the endogenous motivation for the integration of research and education by dynamic onion model, the practical experiences and characteristic paths of the integration of science and education in USTC. A strategic approach to deepening and expanding the integration is proposed to support the construction of world-class universities and independent development of talent cultivation and high-level science. Research was conducted in aspects of the combination of research and teaching, the pivotal position of talent cultivation and the circulations of resources, to promote the strength, depth and width of the integration. Moreover, it is suggested that major scientific and technological infrastructure should be further utilized to enhance cooperation among research, education and industrial activities, and to achieve local internationalization of talent cultivation and scientific research.

Keywords: Double World-Class Project; Integration of Research and Education; Independent Development of Science and Technology; Talents Cultivation

科教
战略

Science, Technology
and Education
Strategy

The Strategic Positioning and Innovation Logic of "Double First-Class" Construction from the Perspective of Co-Evolution: Based on the Revelations by Huawei in Its Development

协同演化视角下"双一流"建设的战略定位与创新逻辑 ——基于华为公司的发展启示[①]

|滑卫军|　|张建卫|

【摘　要】 随着我国经济社会发展转向高质量发展,出现了部分本土的国际领先企业发展快于我国高等教育的现象。因此,为取得最大化的协同演化效应,本土世界级企业的成功经验可以为深入推进"双一流"建设提供"他山之石"的启示。基于协同演化理论,通过梳理华为公司的战略演进规律,提出"双一流"建设的战略定位体现为:以独特的组织文化激发"双一流"大学的内生动力、以前瞻性的国际化战略助力"双一流"大学走出去、以良性的人力资源循环激发"双一流"大学教师内生活力、以全面的科技创新管理促进"双一流"大学科研体制创新。与此同时,"双一流"建设的创新逻辑应体现为:以大学文化建设为魂,以国际化战略管理为纲,以教师人力资源开发管理为本,以科研管理体制机制创新为翼。

【关键词】 "双一流"建设;战略定位;创新逻辑;协同演化;华为

①本文系研究阐释党的十九届六中全会精神国家社科基金重点项目"新发展格局下高校实施新时代人才强国战略的重要问题研究"(批准号:22AZD026)的阶段性成果。

作者简介:滑卫军,北京理工大学人文与社会科学学院博士研究生,从事国防科技人才培养、大学生创新教育等研究。
张建卫(通信作者),北京理工大学人文与社会科学学院教授,博士生导师,从事国防科技人才培养、大学生创造创新教育等研究。

他山之石，可以攻玉。

——《诗经·小雅·鹤鸣》

建设世界一流大学和一流学科（以下简称"双一流"建设）是党中央、国务院在新的历史时期着眼于中华民族伟大复兴所作出的重大战略决策，是新时代高等教育强国建设的引领性和标志性工程，对于提高高等教育核心竞争力、支撑创新驱动发展战略、服务经济社会高质量发展具有深远意义。习近平总书记强调："一个国家的高等教育体系需要有一流大学群体的有力支撑，一流大学群体的水平和质量决定了高等教育体系的水平和质量。"[1]自2016年首轮"双一流"建设启动实施以来，各项建设工作接续推进，改革发展成效明显，推动了高等教育强国建设迈上新的历史起点。然而，2022年2月15日经中央全面深化改革委员会第二十三次会议审议通过的《关于深入推进世界一流大学和一流学科建设的若干意见》（以下简称《若干意见》）明确指出，"双一流"建设过程仍然存在高层次创新人才供给能力不足、服务国家战略需求不够精准等问题。[2]《若干意见》还强调，"双一流"大学要胸怀"两个大局"（即"中华民族伟大复兴的战略全局和世界百年未有之大变局"），心系"国之大者"，为构建新发展格局、推动高质量发展提供坚实支撑。[2]

与此同时，在世界一流大学成功发展的经验中，深化产教融合已经成为保障高等教育高质量发展的重要途径，也是推动本国经济快速增长的重要保障。这就必然要求高校和企业共同努力、协同发展，共同谱写教育强国和产业强国的交响乐。协同演化理论指出，两种相互依赖的"物种"会发生持续变化，它们的演化轨迹是相互交织、相互适应的，特别是优势方的演化成效会加速另一方的适应图景。[3]基于此，"双一流"高校和领军企业作为国家战略科技力量的重要组成部分，二者在发展战略与创新路径上存在诸多不同的演化优势，尤其是某些领军企业的演化优势可以为"双一流"建设提供借鉴。正所谓，"他山之石，可以攻玉"。因此，本文拟以本土一流国际企业——华为技术有限公司（以下简称"华为公司"）的演化优势为参照，探寻深入推进"双一流"建设的战略定位和创新逻辑。

一、高等教育与产业：谁在引领？

自1977年恢复高考以来，我国高等教育经历了从精英教育到大众化教育、再到普及化教育，从追求规模发展到追求内涵式发展等不同的发展阶段。[4]高等教育的快速发展不仅意味着我国高等教育规模的扩张、增长率的提高，还给高等教育国际化发展带来巨大挑战，引发人们对高等教育在组织战略管理、教师人力资源管理、科技创新管理等诸多实践问题上的深刻反思。与此同时，改革开放40多年以来，我国产业发展也取得了举世瞩目的成就，产业转型升级效果显著，日益满足人民对美好生活的追求；产业技术水平迅速提升，尤其在5G移动通信、量子通信、载人航天等高科技领域处于与发达国家并跑甚至领跑的地位。在高等教育和产业快速协同发展的过程中，进一步深化产教融合成为促进教育链、人才链与产业链、创新链有机衔接的重大战略性举措。

然而，我国高等教育当前的育人过程依然滞后于我国部分国际领先产业的发展需求，尤其缺乏以互联网、通信等为代表的高新技术产业升级所需的国际前沿技术、先进工艺等教育资源，难以满足高新技术产业对国际成功经验、前沿科技的发展需要，导致传统的高等教育教学模式难以培养出适应

11

当前高科技产业快速发展的国际创新型人才。而在产业界,正迅速涌现出一批以华为、腾讯、百度等为代表的世界一流高新技术企业,它们以独特的组织文化、先进的管理理念、一流的科技创新等引领中国乃至世界相关产业发展。根据单方主导协同演化模型,在多主体协同演化过程中,客观存在着一个暂时起主动性作用的互动主体,该互动主体的变化和经验会对其他主体的协同演化产生深远的影响。[3]因此,深入推进"双一流"建设,实现一流国际产业对我国高等教育发展的重要战略支撑作用,就可以跳出高等教育来看教育,即可以从本土世界一流企业(如华为公司)这一"他山之石",萃取助推"双一流"建设深入发展的宝贵滋养。

二、本土世界一流企业:华为公司的成长轨迹

(一)案例选择

本文选取"华为公司"作为研究对象,主要基于以下三方面的原因:(1)兼顾重要性和代表性的原则。华为创立于1987年,是全球领先的ICT(信息与通信)基础设施和智能终端提供商。[5]作为世界性一流企业的发展典范,华为能够代表具有相同特征的世界性一流企业的发展实践。(2)研究数据的易得性。华为自2006年起每年会发布企业年报,其创新发展过程及成果广受媒体、企业、学者的关注,研究资料丰富且容易获得。(3)人才供需的适配性。作为一家科技型企业,华为十分重视科技人才选拔,每年会从"双一流"大学招聘大量的优秀毕业生,由此可以从企业"需求侧"的角度指引"双一流"建设的人才培养方向。

(二)案例简述

华为从一个濒临破产的小作坊一跃成长为世界级科技巨头,走过了一条非同寻常的发展之路。纵观华为发展历程,可归结为四个阶段:第一,创业生存期(1987—1995年),华为从产品代理转变为自主研发,"活下去"成为华为该阶段最重要的发展目标。第二,国际化发展期(1996—2004年),在该阶段华为开始广泛进军国际市场,在全球设立研发中心、成立合资公司,这标志着华为的国际化发展驶入了快车道。第三,世界级企业养成期(2005—2010年),该时期华为成为欧洲所有顶级供应商的合作伙伴,并超越行业内竞争对手,最终成为一家名副其实的世界级企业。第四,组织转型期(2011年至今),新阶段华为在全球范围内实施"云管端"一体化的整体战略,一举成为世界一流企业成功转型的榜样。经过30余年的风雨兼程,华为从组装到创造、从跟跑到领跑,彰显着中国企业的底气和自信。因此,在全世界,华为是中国的印记;在产业界,华为是创新的符号;在教育界,华为是教育改革创新的风向标。

三、问道华为:"双一流"建设的战略定位

基于协同演化理论,"双一流"大学和华为公司拥有着共同的家国情怀和世界格局,本土国际领先企业的演化优势可以促进"双一流"建设的协同演进。因此,我们力图通过剖析华为成功的战略演进经验,希望在组织文化建设、组织战略管理、人力资源管理、科技创新管理等方面来理解中国企业精神、感受中国企业力量,进而为"双一流"建设的战略定位提供来自本土世界级企业的"他山之石"。

(一)以独特的组织文化激发"双一流"大学的内生动力

华为总裁任正非认为:"任何资源都会

枯竭,唯有文化才能生生不息。"[6]华为的组织文化建设主要表现在以下三个方面:第一,"狼性"企业文化。任正非认为华为员工需要有狼般敏锐的嗅觉和奋不顾身、不屈不挠的进攻精神,走群体奋斗之路。狼性企业文化作为华为的核心竞争力,助力华为成为全球化公司。第二,以客户为中心的文化。从深空6500米到深海2900米,从冰封极地到喧嚣城市,华为都能保障客户每次通信的万无一失。因此,以客户为中心的文化成为华为的国际通行证。第三,以奋斗者为本的文化。在过去的几十年中,华为人始终没有停止奋斗的脚步,正如华为的核心价值观所说的"以奋斗者为本",每个华为人都在为客户创造出最有价值的产品体验而奋斗。由此华为因其独特的组织文化不断激发着每位奋斗者的内在动力,也因此成为管理的典范,成为其他组织竞相学习的榜样。

同样,世界一流大学都因其个性化的组织文化,成就了其赖以生存和发展的文化竞争力。我国要建设世界一流大学,就要立足中国现实,遵循组织文化的发展规律,建设具有中国特色的世界一流大学文化,这将成为"双一流"建设战略演进的必由之路,也是我国高等教育国际化发展的必然要求。[7]因此,随着产教融合的深化发展,立足中国情境,借鉴华为的文化建设经验,构建新时代独特的大学组织文化,将成为"双一流"战略演进的重要途径;也只有这样,中国的世界一流大学才具有区别于其他大学的重要标志和根本特征。

(二)以前瞻性的国际化战略助力"双一流"大学"走出去"

截至2021年底,华为在全球拥有19.5万名员工,其产品和服务遍及170多个国家,服务于全球30多亿人口,成为一家名副其实的国际化公司。[5]华为的国际化战略管理大致分为四个层面:第一,市场国际化。华为的市场国际化走过了一条"农村包围城市"的道路,即先从技术壁垒小、市场广袤的发展中国家向市场要求高、注重研发的发达国家发展。第二,管理国际化。随着信息时代的到来,华为已经形成了以客户需求为中心、以流程管理为导向、以高绩效为指引的商业模式、运作模式、企业文化的整体管理部署。第三,研发国际化。经过20余年的筹划布局,华为在全球布局39个创新中心、14个研发中心,形成了多中心、全覆盖的全球研发布局。[5]第四,人才国际化。在华为19.5万名员工中,海外员工的本地化率达57%,有的甚至高达80%,华为成功地把能力布局在人才聚集的地方。[5]因此,华为20余年的国际化战略必然留下了丰富的经验和教训,这正值得其他组织"走出去"之前学习和借鉴。

改革开放以来,随着国家"双一流"建设的深入推进,高等教育国际化已经成为全国各高校争相发展的战略高地,推动着我国高等教育向着多层次、宽领域、全方位的国际化方向发展。[8]然而,目前我国高等教育的质量与世界发达国家还存在一定的差距,中国大学与世界一流大学的差距已经成为制约中国产业科技创新的瓶颈。因此,为满足我国产业国际化的需求,切实创造出世界先进的产业科技,"双一流"大学的战略演进有必要借鉴本土世界级企业的国际化经验,成功走出一条"双一流"建设的国际化之路。

(三)以良性的人力资源循环激发"双一流"大学教师内生活力

华为经营的成功,不仅是技术和资本的成功,更是人力资源管理的成功。华为人力资源管理的成功主要体现在选、用、育、留四个方面。第一,坚持战略性的选才程序。华为以高校毕业生为招聘基础,遵循现代人才流动规律,开展用人部门和人力资源部门合作招聘,并不断完善企业的人才储备信息库。第二,坚持人才效能最大化的用人原则。华为一贯坚持能力对应、动态适应、优势定位、内部为主等原则优化华为的用人配置,进而实现了华为人才效能的最大化。第三,坚持人力资源业务伙伴(HRBP)的育人模式。优秀的项目管理能力是华为的一大核心竞争力,华为将 HRBP 纳入后备人才培养过程中,逐步形成了华为"训战结合、循环赋能"的育人模式。第四,坚持利益共同体的留人管理。华为在创业伊始就开始员工持股计划,并让人力资本参与企业的利润分配和管理决策,打造出华为人的命运共同体。可见,正是由于华为科学地将选、用、育、留理念融入人力资源管理实践中,才实现了"人尽其能,事得其才"的良性人力资源循环。

同样,教师人力资源是推动"双一流"大学创新发展的核心力量。清华大学前校长梅贻琦断言:"所谓大学者,非谓有大楼之谓也,有大师之谓也。"一所大学若拥有了国际一流师资力量,就能够在建设世界重要人才中心和创新高地中占据战略主动。如果说华为的人力资源管理实践是助力其在激烈的国际竞争中脱颖而出的不二法宝,那么教师人力资源管理则成为高等院校生存和发展的根本保障。特别是在"双一流"建设、产教融合等新时代改革背景下,创新高校教师人力资源管理成为"双一流"大学走向世界一流大学的必由之路。因此,"双一流"大学要迈向世界一流大学,可以对标国内世界级企业,尤其要学习优秀本土企业的人力资源管理机制。从这个意义上说,华为人力资源管理实践无疑为"双一流"大学教师人力资源管理提供了一面明镜。

(四)以全面的科技创新管理促进"双一流"大学科研体制创新

从中国产品到世界品牌,华为在科技上的不断创新,让其进入了全球更多人的视野,成为全球科技创新的标杆。华为的科技创新管理主要体现在以下三方面:一是强调自主创新的科研管理机制。科学不分国界但技术分国界。华为正是意识到只有坚持自主创新建成追赶型企业才能不被技术所制约,才能完成并跑甚至领跑,这才成就了今天的华为。二是坚持以客户为中心的科研成果转化机制。"眼睛盯着客户,屁股对着老板"是华为以客户为中心的最真实写照,客户的需求就是华为创新的风向标,唯有客户才是华为持续创新的根本。三是重视人力资本的激励机制。华为一直强调人力资本的增长指标必须优于企业财务资本的增长指标,人力资本成为华为持续科技创新的源泉。由此,在全面创新管理视角下,华为形成了以"强调自主创新、以客户为中心、重视人力资本"为核心的科技管理体制机制。

高校科研创新实力是世界一流大学的主要衡量指标之一。提升高校科研创新能力成为增强我国核心技术创新能力、实现创新驱动发展、获得国际竞争新优势的重要战略支撑。而高校科研管理就是规范高校科研创新秩序、激发科研创新活力、提升多元协同创新能力、实现高校科研战略支撑的重要制度保障。然而,目前我国的科研管理体制机制还不够健全[9],依然存在着科研管理体制行政化、科研激励机制平均化、科研价值取向功利化、产学研机制缺乏一体化等问题,严重制约着我国高校科研创新能力的发展。因此,在深化产教融合、校企合作的背景下,寻找科研管理的产业智慧成为促进高校科研体制机制创新,保障科研创新能力发展的重要路径。

四、"双一流"建设的创新逻辑:华为公司的发展启示

为了最大化汲取华为公司的创新势能

效应,"双一流"建设的创新逻辑可从如下方面着手,即加强高校新时代文化建设,推进高校国际化战略管理,构建高校教师人力资源管理,创新高校科研管理体制机制。

(一)高起点加强大学文化建设,构建新时代铸魂育才战略高地

如果华为因其独特的组织文化成就了世界一流企业的地位,那么大学的组织文化作为大学立足之本、生存之基、发展之魂,已经成为世界一流大学核心竞争力的动力源泉。推进"双一流"建设就需要扎根中国大地办教育,需要深耕中华优秀传统文化和本土优秀企业文化,高起点加强中国高校的文化建设,构建新时代铸魂育才的战略高地,进而建成"中国特色世界一流大学"。(1)构建以大学教师为中心的文化。大学教师是治学、治校的履行者,也是教学科研的承担者,也理应是中国大学的主人翁,他们的工作成效直接影响着大学的人才培养质量、学术发展水平和未来发展前景。因此,建设中国特色世界一流大学就要重视构建以大学教师为中心的文化。(2)构建以学生发展为本的文化。以学生发展为本的文化就是要在处理师生、校生关系时,既要把学生发展作为最重要的考虑因素,又要在兼顾师生、校生利益共同实现的基础上理解和依赖学生。因此,将学生发展融入高校功能实现的各个环节,就要从人才培养、科学研究、社会服务到文化传承创新都和学生发展紧密联系在一起。(3)构建师生同频共振的文化。大学文化源于师生学习生活的互动实践,师生能否在认知、情感、思想等方面实现同频共振将直接影响到教学过程的实施、教学质量的提升和教学效果的实现。因此,建设中国特色世界一流大学就是要构建师生间良好的互动渲染和激荡的文化。

(二)高质量推进高校国际化战略管理,培育一流大学核心竞争力

现代管理理论认为,战略管理就是要将外部环境的要求与组织内部力量进行匹配,从而明确并执行组织战略方案的过程。纵观华为的国际化发展之路,它始终将组织内部力量与外部的国际化要求进行匹配。因此,中国大学要在短时间内一举成为世界一流大学,实现跨越式发展,其根本路径就是在"双一流"建设的背景下高质量推进高校国际化战略管理,培养中国特色世界一流大学的核心竞争力。[10](1)服务定位国际化。随着经济全球化和"一带一路"的深度联通,高等教育国际化已经成为世界高等教育发展的总趋势。高等教育国际化定位的首要目标就是要提升我国高等教育质量,更好服务我国和世界的社会发展。(2)文化传承与创新国际化。建设中国特色世界一流大学,就要以高度的文化自信、宽广的世界眼光,扎根中国大地,创造性地开发、继承和弘扬中华民族的优秀传统文化,在世界一流大学行列中获得认可和尊重。(3)人才培养国际化。培养内容的国际化是人才培养国际化的核心。这就要立足全球化发展,整合国内外高校优质的课程教育资源和企业优质的实践教育资源,为国家培养出具有国际视野、服务中国产业的高素质国际性人才。[11](4)科研国际化。为迎接全球一体化和知识经济时代带来的机遇,各国都在积极建设知识型国家,高校和企业科研国际化已经成为知识型国家建设的重要路径。因此,学习华为国际化科研团队的组建经验,成为提升高校科研国际竞争力的重要手段。

(三)高水平构建高校教师人力资源开发管理,打造国际一流教师队伍

"双一流"建设的重要任务就是要打造高水平的师资队伍[12],而加强教师队伍建

15

设的关键环节则是加快推进教师人力资源管理体系的改革。因此,问道华为公司"选、用、育、留"的人力资源管理策略,高水平构建高校教师人力资源管理体系成为中国特色世界一流大学建设的必然选择。(1)构建需求导向的选人机制。在世界范围内选拔一流的青年教师已经成为持续支撑世界一流大学建设的内生动力。[13]建立以需求为导向的选人机制,首先就要明确高校的教师岗位需求,实现科学按需设岗;其次还要建立分级、分类的多元招聘制度,不拘一格选人才;最后要建立动态的流动机制,最大化地实现人—组织匹配和人—岗相适。(2)构建人尽其才的用人原则。能否最大化发挥教师在教学、科研等方面的潜能成为实现"双一流"建设目标的关键环节。[14]遵从人尽其才的用人原则,既要强化发掘教师潜质的用才意识,又要整体把握教师人才的任用标准,真正实现用当其时、人尽其才。(3)构建多元化培训的育人模式。从战略的高度重视高校教师的多元化培训已经成为英美世界一流高校育人模式的共识。[15]因此,中国大学要构建多元化的育人模式,就要发挥各部门的协同性,依托优势促进教师发展;强调培养内容的多样性,探索系统化的开发路径;重视教师培训的持续性,不断推进教师水平提高。(4)构建多重激励导向的留人机制。激励机制是当前人力资源留人管理的重要内容,科学的激励机制有助于组织留住人才。因此,针对高校教师的激励机制除了需要注重"劳有所得"的物质激励以保障教师的获得感,还要重视"以教师为本"的大学文化建设,不断提升教师职业的自豪感、幸福感和成就感,更要重视在高教强国伟业中汇聚教师力量,在科技自立自强大业中发挥教师主动性,在立德树人事业中激励教师担当,进而构建多重激励导向的留人机制。

(四)高标准创新高校科研管理体制机制,产出世界一流研究成果

高校和企业的科技创新作为国家科技创新体系的重要组成部分,已经成为推动我国科技全球化的重要力量。而高校和企业产出世界一流的科技成果往往离不开其高标准的科研管理。因此,借鉴华为的科技创新管理经验,创新高校科研管理体制机制就成为提升高校科研创新水平的根本制度保障。(1)构建基于协同创新的科研管理体制。高校科研管理最根本的目的就是激发高校研发人员的创新活力。因此,为最大程度地释放研发人员的创新潜能,创新高校科研管理体制就需要大跨度整合高校、企业、政府等多元主体的创新组织模式,促进高校研发人员在产学研用协同创新系统中实现重大科技创新。(2)构建基于教师需要的科研激励机制。马斯洛的需要层次理论指出,个体具有不同层次的需要,从低层次的需要(生理、安全需要)到高级需要(爱和归属、尊重、自我实现需要)的满足往往遵循从低到高的顺序。教师人才是高校科研创新的关键要素,也只有当科研激励机制能够满足教师不同的需要时,才能激发教师更多的科研投入和产出。(3)构建基于"政产学研用"战略联盟的科研成果转化机制。高校科研成果转化既是提升自身实力的需要,也是服务社会经济发展的需要。因此,构建基于"政产学研用"战略联盟的科研成果转化机制就要求利益相关方共同加大对科研成果转化的投入力度,搭建有利于科研成果转化的平台,建立与市场经济相适应的科技成果转化风险管理机制。(4)构建基于分类导向的科研评价机制。合理地评价教师的科研成果对全面提升科研创新能力、推动一流科研成果产出、促进科研目标实现具有重要意义。因此,构建基于分类导向的科研评价机制不

仅要关注科技论文数、发明专利数、成果获奖数、培养人才数等短期评价维度，还要重视科研成果的学术影响力、社会经济影响力等中长期的评价维度。

参考文献

[1] 本报评论员.为服务国家富强民族复兴人民幸福贡献力量[N].人民日报,2021-04-21(4).

[2] 教育部,财政部,国家发展改革委.关于深入推进世界一流大学和一流学科建设的若干意见[EB/OL].(2022-01-16)[2022-05-24].http://www.gov.cn/zhengce/zhengceku/2022-02/14/content_5673489.htm.

[3] Hodgson G M.Darwinism in Economics:From Analogy to Ontology[J].Journal of Evolutionary Economics,2002,12(3):259-281.

[4] 钟秉林,王新凤.迈入普及化的中国高等教育:机遇、挑战与展望[J].中国高教研究,2019(8):7-13.

[5] 华为投资控股有限公司.2021年公司年度报告[R].深圳:华为投资控股有限公司,2021:1-154.

[6] 任正非.资源是会枯竭的,只有文化生生不息[EB/OL].(2017-02-27)[2022-05-24].https://www.cghw.cn/archives/11792.

[7] 郭峰.大学个性化发展的文化阐释[J].中国高等教育,2021(9):52-54.

[8] 陆小兵,王文军,钱小龙."双一流"战略背景下我国高等教育国际化发展反思[J].高校教育管理,2018,12(1):27-34.

[9] 马捷,锁利铭.整体治理视角下大学科研管理机制研究[J].中国高校科技,2019(4):36-39.

[10] 别敦荣."双一流"建设与大学管理改革[J].中国高教研究,2018(9):1-6.

[11] 叶欣,季卓豪,陈绍军.发达国家高等教育国际化新发展的经验与启示[J].江苏高教,2021(12):138-142.

[12] 国务院.国务院关于印发统筹推进世界一流大学和一流学科建设总体方案的通知[EB/OL].(2015-11-05)[2022-04-14].http://www.gov.cn/zhengce/content/2015-11-05/content_10269.htm.

[13] 周海涛,胡万山.大学青年教师队伍建设的难题与对策[J].国家教育行政学院学报,2018(5):32-37.

[14] 管培俊.一流大学建设的两个关键要素:制度与人[J].中国高教研究,2018(5):4-9.

[15] 李曼丽,李明.英美两国一流大学教师资源的开发与留任机制探微:基于英美10所世界一流大学的案例分析[J].清华大学教育研究,2017,38(6):59-66.

The Strategic Positioning and Innovation Logic of "Double First-Class" Construction from the Perspective of Co-Evolution: Based on the Revelations by Huawei in its Development

Hua Weijun, Zhang Jianwei

Abstract: With China turning to high-quality socio-economic development, some local international enterprises have developed faster than China's higher education. Thus, to maximize the co-evolution effect of production and education, the successful experience of local world-class enterprises can provide "experiences from other players" to further promote the "Double First-Class" construction. Based on the co-evolution theory, this paper teases out the strategic evolution law of Huawei, and puts forward the strategic positioning of the

"Double First-Class" construction as: Stimulating the endogenous power of the "Double First-Class" universities with a unique organizational culture, promoting the "Double First-Class" universities with a proactive international strategy, stimulating the internal vitality of the "Double First-Class" teachers with benign human resources circulation, and pushing the scientific research system innovation of the "Double First-Class" universities with comprehensive technological innovation management. The innovation logic of the "Double First-Class" construction should be: Taking university culture construction as the soul, international strategic management as the key link, teacher human resources development and management as the foundation, and research management system and mechanism innovation as the wing.

Keywords: "the Double First-Class" Construction; Strategic Positioning; Innovation Logic; Co-Evolution; Huawei

科教
战略

Science, Technology
and Education
Strategy

Study on the Interaction Between Five-year Plans and Key Construction Programs in Universities

高校五年规划与重点建设的互动关系研究①

|张端鸿|　　|丁文佳|

【摘　要】　当前,高校统筹推进"十四五"规划的阶段性任务和重点建设的全局性目标是实现高质量发展的理想状态。从"九五"计划到"十四五"规划,高校五年规划与重点建设项目经历了错位联动、同步调整、协同适配三个阶段,构成高校层面系统谋划实践的制度性设计。在此基础上,高校五年规划和重点建设在学校战略、管理执行、资源配置与实施评估四个层面上进行了有序互动,两者的互为促进以坚持系统观点、优化组织管理、强化战略管理、建立综合评价为重要保障。

【关键词】　重点建设;五年规划;院校研究

一、引言

五年规划是高校实行现代化治理的重要方式,在明确发展方向、确立阶段性目标、统筹办学行为、促进文化创新、实现跨越发展等方面发挥着重要作用。[1]随着高校自主权的不断扩大,规划编制向着专业化、科学化和规范化发展[2],已经成为高校的一项常规性工作。与此同时,面对复杂多变的内外部环境和新时期发展要求,高校规划强调要结合国家重点发展方向和学校实际情况选择战略重点[3],统筹兼顾常规性工作谋划与战略重点建设。[4]2021年发布的国家"十四

①作者简介:张端鸿,同济大学高等教育研究所副所长、副教授,研究方向为高等教育管理。
　丁文佳,同济大学高等教育研究所硕士研究生,研究方向为高等教育管理。

五"规划中指出,加强"双一流"建设高校基础研究和协同创新能力建设是高等教育体制扩容的重点工程之一。在此背景下,如何协同实现"十四五"规划的阶段性任务和"双一流"建设的全局性目标成为高校编制五年规划时所需要考虑的关键问题。尽管在理论和实践层面对此都做出诸多探索,高校发展规划编制的讨论中也明确了"双一流"建设的战略地位,并将其纳入学科布局和日常教学科研活动中[5-6],但是高校五年规划与重点建设统筹推进的客观规律与实现路径仍未得到充分挖掘。基于此,本文以高校五年规划和重点建设项目的互动关系作为切入点,着重分析国家公共政策发展和"十三五"时期的高校实践情况,尝试建构两者互动关系的应然状态,探索促进两者形成良性互动关系的有效策略,以期为推进重点建设高校治理体系与治理能力现代化提供参考。

二、高校五年规划与重点建设互动关系的历史演进

1978 年改革开放以来,中国从计划经济体制的社会主义建设阶段向中国特色社会主义建设阶段过渡,五年规划逐渐转变为指导国民经济和社会发展方向的纲领性文件。[7]同时,立足新时代发展需求,国家重拾对科技和教育事业的关注,1981 年出台的"六五"计划揭开了中国教育现代化进程的序幕。而在我国一流大学的相关概念虽然最早可以追溯到 20 世纪 40 年代,但是直至 1998 年,中央政府才将建设世界一流大学确立为高等教育发展的重点战略。[8]据此,首轮世界一流大学建设项目发生在"九五"计划时期,并且在最初的启动时间上并不匹配,而后经过多年政策调整,2021 年第二轮"双一流"建设与"十四五"规划同年启动,基本实现了五年规划与重点建设项目的同向同行。回溯其二十余年的历史演进过程,世界一流大学建设与五年规划互动关系的发展变化主要可以分为三个阶段。

(一)从"九五"计划到"十二五"规划:错位联动

在"八五"计划即将结束之际,国务院批准重点建设项目"211 工程"启动。1996 年,"九五"计划正式出台,明确了"科教兴国"战略作为中国社会主义现代化建设的重要指导方针,针对高等教育发展提出"重点建设好一批高等学校和学科",这一举动为此后二十余年的重点项目建设奠定了坚实基础。

1998 年 5 月,时任国家主席江泽民在庆祝北京大学建校一百周年大会讲话中提出"为了实现现代化,我国要有若干所具有世界先进水平的一流大学"[9]。后经国务院批准,1999 年"985 工程"正式登上历史舞台。自此,世界一流大学重点建设项目作为实现教育现代化的发展战略上升为国家意志。然而,国家经济和社会发展五年规划中有关重点建设项目的战略部署存在滞后性,2001 年第九届全国人大第四次会议批准的"十五"计划中重点推进了"211 工程"的建设方案,而五年后"985 工程"才被列入"十一五"规划教育发展重点项目。

由此可见,这一时期"211 工程""985 工程"和五年规划之间的互动关系表现为两个方面:第一,五年规划中建设高水平大学和学科的发展目标逐渐明晰,衔接重点建设项目发展高等教育,服务于新时期发展,着力满足高层次、复合型人才的供给需求。第二,重点项目建设周期与五年规划错位,建设高校的长期改革规划无法适时对接国家实际发展需求。

(二)从"十二五"规划到"十三五"规划:同步调整

"211 工程""985 工程"的实施伴随着我国高等教育大众化的进程,然而持续扩张的

招生规模与缺位的质量保障体系使得高等教育系统产生了内部矛盾。[10]针对该问题，"十二五"规划做出了战略调整，明确将全面提高高等教育质量作为发展重点，我国高等教育向内涵式发展道路转型。而深受大学排名影响的重点建设高校仍保持着追求规模化指标的发展惯性，与国家发展方向存在一定的偏差。"211工程"和"985工程"建设项目也逐渐暴露出身份固化、竞争缺失等问题，到"十二五"规划后期国家战略决策层面开始有意识地淡化重点建设项目，呈现出高水平学科引领高校整体发展的新趋势。

虽然早期世界一流大学建设项目对于21世纪初中国高等教育综合实力和国际影响力的提升产生了较为显著的作用，但已难以满足时代发展需求与科技创新模式。因此，在原有项目上进行制度创新，探索中国特色的世界一流大学建设方案是转型发展的必由之路。2015年国务院发布了《统筹推进世界一流大学和一流学科建设总体方案》，将原有重点项目统一纳入"双一流"建设中，并在其基础上进一步完善建设方案，新增了诸如动态调整、资源整合、系统规划、分类发展等内容。最终，"双一流"项目拟定从2016年开始正式实施，并以五年作为一个建设周期，这是重点建设项目首次与五年规划同年启动，实现周期一致。

这一时期完成了从"211工程""985工程"到"双一流"建设的过渡，国家开始有意识地将其与"十三五"规划调整步调，实现同步，主要表现在两个方面：第一，启动时间与周期的同步。第一轮"双一流"建设与五年规划同时启动，同时结束，高校在撰写改革发展方案中能够充分考虑长期目标与阶段性要求，对教育发展中遇到的问题进行及时调整。第二，未来发展方向的同步。一流大学的发展立足于服务国家重大战略需求，解决区域行业难题，"双一流"建设强调高校规划要兼顾全球参与和中国特色，学校发展、学科建设与国家战略、地方需求同向同行，实现内核意义上的同步。

（三）从"十三五"规划到"十四五"规划：协同适配

2015年发布的"双一流"建设总体方案为重点建设项目与五年规划的互动同步创造了有利条件，但实际上"双一流"建设的具体实施和评价机制都尚未健全，没有如期实现与"985工程"的及时衔接。因此，不论是国家层面、省域层面还是高校层面，在编制"十三五"规划时都难以将"双一流"建设与发展战略充分结合，两者缺乏有效互动，在实际执行过程中难以适配。

2017年《统筹推进世界一流大学和一流学科建设实施办法(暂行)》文件出台后明确了第一轮"双一流"建设入选高校及其实施方案，在总则中强调"面向国家重大战略需求"，将重点建设阶段性发展目标与产业、社会和科技发展需求紧密衔接，以此提高了"双一流"建设与五年规划发展战略的适配度。到"十四五"规划开篇之年，2021年《"双一流"建设成效评价办法(试行)》的出台，意在引导高校在国家战略和自身发展中寻求平衡，实现社会功能与组织功能的协同。[11]第二轮"双一流"建设高校和学科名单同样充分体现了面向国家重大需求的战略特点[12]，如南京医科大学、广州医科大学作为新进高校，其发展方向与"十四五"规划中面向人民生命健康加快科技创新的战略任务高度匹配。

至此，政府在吸取原有重点大学建设的经验基础上，从总体目标、评选原则、建设周期、实施办法、成效评价等方面构建了"双一流"建设的全过程体系，充分贯彻了面向国家战略发展的基本原则，重点建设项目与国家五年规划的互动融合、相互促进逐渐成为一种有效的制度性设计。

三、高校五年规划与重点建设互动关系的整体框架

国家公共政策为重点建设和五年规划的有效互动创造了制度条件,对于建设高校来说,科学编制重点建设方案和高校五年发展规划是落实互动关系的前提与基础,在学校改革发展过程中发挥着规范与引领的重要作用。基于第一轮"双一流"建设和"十三五"规划周期的高校实践,五年规划与重点建设的互动主要体现在以下四个方面.

(一)学校战略层面的互动

重点建设和五年规划都是事关学校改革发展的重要工作,对高校而言具有战略意义,因此高校领导者和规划建设部门在进行学校战略论证时就要充分考虑两者关系。"十三五"规划阶段,"双一流"建设成为学校改革发展的新动力,从学科建设作为主要切入点引领学校整体发展,同时通过学校改革促成内涵提升。[13]而五年规划作为高校未来五年发展的战略方针,从全局角度把握学校发展方向,其包含了学校战略的制定、执行和评估,能够有效落实"双一流"建设的具体工作。从另一方面来看,"双一流"建设为高校构建了以世界一流学科建设调动世界一流大学整体发展的未来蓝图,也为高校五年规划确立了长期发展目标。因此,重点建设与五年规划之间相互联系、相互影响,高校在进行前期调研、布局谋划与战略论证时注重将五年规划的阶段性任务与"双一流"建设的全局性目标相结合,为顶层设计提供系统观点。

但是在实际战略规划的组织过程中,由于"双一流"建设和五年规划分别隶属于学位与研究生司和教育部高教司,部分高校根据外部管理体制设定了规划部门和学科建设部门分别负责管理。在任务边界清晰和行政分工明确的情况下,两个部门实际上难以从全局视角对两者进行顶层设计。同时,部门内部包含多重权力结构,战略制定需要权衡多方权益[14],这就导致改革无法聚焦实际问题、方案缺乏前瞻性、发展目标难以落实等问题的出现。

(二)管理执行层面的互动

管理执行是将学校战略思路转化为行动路径的过程,高校各责任部门根据"双一流"建设方案与五年规划推进具体工作时,首先将战略规划分解为年度规划、学科规划、部门规划和专项规划,以此明确工作目标、内容与责任。[15]责任部门通过统筹重点建设与五年规划,实现部门内部战略上的协同适配。在实际执行过程中,高校内部的学科建设、学校改革和整体发展还需要各职能部门间的高度协同。学校改革所出现的问题实际上难以通过单一对口部门得以解决,因此需要依托于多个部门的集中优势力量与资源,以全局性视野进行发展规划完成系统布局。例如,人才培养模式改革作为一项系统工程,需要把握学生在知识、能力、素养培养的全部环节,由此牵引出教育教学、教师培养、专业设置、学科布局等多方面的规划工作。

高校组织结构和权力结构的复杂性以及内部管理体制的系统性为管理执行战略规划带来了挑战,在统筹推进重点建设与五年规划过程中,如果相关部门对战略目标、任务的认识出现偏差,就可能导致学校的建设发展偏离所规划的轨迹。同时,协同推进多部门改革发展增加了跨部门协作的现实成本,降低了工作效率与部门合作的积极性。

(三)资源配置层面的互动

"双一流"建设项目是需要持续资源投入的重点工程,世界一流大学和一流学科的

发展离不开资金、人才队伍、科研平台等资源的支持。在资源有限情况下，高校难以实现对所有学科的建设发展，只能根据学科布局提供非均衡性的资源支持。据此，五年规划为实现高校发展目标，根据不同学科发展阶段的资源投入需求，制定资源在高校内部学科建设中的配置方向，匹配学科发展战略，最终落实到"双一流"建设的实践过程当中。基于重点建设项目的部署、高层次人才分布和平台设备的现实需求，五年规划为院系发展层面的资源合理化配置提供了有效指导。

高校五年规划为面向学科建设的资源投入提供了配置方案，但优势资源对具有快速发展需求的学科建设仍具有局限性。一方面，学校内部行政权力与学术权力在资源配置上的利益矛盾削弱了学科组织发展的积极性，以职能部门为主体制定的资源规划缺乏与院系之间的沟通，程序设计上缺乏科学性和合理性，难以为学科的可持续发展提供保障。另一方面，学科之间、院系之间同样存在着行政壁垒与资源隶属问题，这并不有利于跨学科、交叉学科的发展。

（四）实施评估层面的互动

五年规划所执行的战略评估，是对已有战略规划、战略实施的过程和结果的审视与反思，在此基础上调整战略方向，形成科学规划的良性循环。重点建设受到国家监督，通过周期性评价和成效评价，为高校发展提供指引，通过动态调整形成有序竞争态势。在实际操作层面，五年规划与"双一流"建设在评价周期和指标数据上趋同，评价内容都围绕着人才培养、师资队伍、科学研究以及管理体制等方面，有利于两者的统筹推进。与此同时，战略评估是基于外部环境发展与学校实际发展对高校发展方向与治理能力的内部评估，是对高校内部治理效能的监测；而"双一流"建设项目及其成效评价是服务于国家发展战略、实现高等教育治理现代化的政策工具[11]，系统考察了高校在国家创新体系中的发展情况。因此，以五年规划和"双一流"建设相结合的多维评价实现了对高校内部和外部的综合监督。

此外，当前我国教育评价还包括大学排名、学科评估、本科教育教学评估、绩效评估等，一系列的评价工作给高校日常工作增加了负担，也对高校数据治理能力提出了新的要求。同时，周期性的教育评价使得高校战略规划与实施变得碎片化，部分高校将更多的精力放在短期目标的谋划上，忽视了学校内涵建设与长期目标的实现。

四、高校五年规划与重点建设互动关系的未来走向

（一）坚持系统观点，整体推进重点建设与五年规划

高校在编制五年规划与重点建设方案时，应当立足当前国家和区域社会发展形势，结合学校实际情况，将系统观点和全局思维贯彻到统筹推进学校建设与规划的全过程中。学校需要把握系统谋划的前瞻性、全局性、战略性和整体性原则。前瞻性原则要求高校在编制工作方案时总结历史经验，深入分析当前发展环境，统筹学校发展的阶段性要求和长期目标，落实各项工作的推进。全局性原则要求高校关注国内外高等教育发展趋势，从宏观角度统筹学校教学、科研、行政等各要素，对建设规划进行总体性架构。战略性原则要求高校找出制约学校发展的关键问题，把握国家战略发展方向与区域行业发展重点，结合学校优势学科与特色领域，解决现有问题，实现学校特色发展。整体性原则要求高校要从学校全

局角度解决发展问题，不仅要认识到人才培养、科学研究、社会服务、文化传承与创新职能之间的相关性，也要关注到学校规划、总务、财务、后勤、审计等职能部门对高校发展的支撑作用，增强衔接机制，实现协同发展。

(二)优化组织管理，协同落实改革发展的方案执行

在编制改革发展方案时，需要在规划部门与学科建设部门间打造畅通的沟通渠道，强化协同意识。高校在建设规划中理应适时调整行政规制，合并建设与规划部门，统一领导管理(这是学校管理体制的理想情况)，从而能够实现五年规划和重点建设在顶层设计上的高度统一。然而，部分高校的规划部门与学科建设部门已嵌入高校职能部门体系中，这类高校应当关注组织协同效能，在前期调研、顶层设计和方案论证等关键环节中加强沟通协作，以保障编制工作的科学性与整体性。

在执行改革发展工作时，需要充分考虑职能部门之间的联系，统筹安排工作协同内容，提高跨部门合作效率。部门协同是建立在组织文化认同和决策目标统一的基础上，因此，高校一方面需要健全协调机制、灵活的奖惩制度和工作分配机制，为部门协同创造有利的制度环境；另一方面，应当统一高校改革发展目标与工作任务，完善上下贯通的组织管理体系，确保组织内部成员能够理解高校决策，最终形成共识。同时，重点建设方案应与学科规划、五年规划、年度计划、专项规划等中长期发展战略进行衔接，细化不同组织部门发展目标，以保障高校建设与规划的具体实施。

(三)强化战略管理，统筹学科建设与学校发展的资源配置

合理的资源配置要基于高校现实情况

与发展方向进行系统规划，从而提高学校治理效能。高校在规划过程中应强化战略管理在资源配置工作中的作用，根据学科建设布局、目标、内容和已有资源条件，统筹学校整体资源，制定规划方案。方案中还应涉及配置过程管理和资源效益评估内容，通过资源配置流程的规范化，避免配置决策的主观性和利益冲突引发的资源浪费。[16]针对跨学科、交叉学科的发展，高校应制定专项规划提供资源支持，引导学院、学科和学者联合开展服务于国家需求的重大攻关项目。以共享平台、创新平台等组织形式整合校内资源，鼓励跨学科研究与合作平台搭建。在此过程中，五年规划与重点建设在战略发展方向上应当高度匹配，不仅要满足当前国家重大战略需求和区域行业发展需求，还应从重点建设长期目标考虑学科资源供给的可持续性和内部资源的价值优化。

(四)建立综合评价，系统考察五年规划与重点建设的互动效果

战略评估是对规划制定、战略实施的评价，与战略制定、实施共同构成战略管理系统。[15]在高校实践中，统筹推进五年规划与重点建设，通过两者的密切配合与有效互动促进重点建设已成为一项发展战略。因此，为审视战略制定的合理性与实际性，评估战略实施绩效，建设高校应当对五年规划与重点建设的整体推进效果进行综合评价。首先，召集学校相关部门的管理人员、专业学者和校外专家等成立自评委员会，从战略制定、方案编写、管理执行、资源配置等多方面对学校整体情况形成初步认识，评估五年规划与重点建设的整体推进成效，研究在实施过程中取得的成果与存在的不足。其次，根据战略检查和成效评价，考察五年规划与重点建设的互动环节与内容，分析两者相互协同、相互促进的具体表现与实现路径，针对问题对学校建设与规划做出相应调整,进一步提高战略规划与改革发展的科学性、规范性。

五、结语

五年规划与重点建设都是国家战略层面的管理工具,为高校学科建设、改革发展提供了战略指导,基于两者的充分互动融合,能够帮助重点建设高校与学科把握当前国家经济社会发展形势,主动对接国家重大发展需求。五年规划作为阶段性发展任务,能够将重点建设的全局性目标分解为符合学校发展实际、具有可操作性的具体工作。因此,高校应当正确认识五年规划与重点建设之间的互动关系,在编制、执行和评估学校发展规划时协同推进"十四五"规划与"双一流"建设,形成合理适配、高度衔接的高校内部治理体系,引领高校和学科的高质量发展。

参考文献

[1] 别敦荣.大学战略规划的若干基本问题[J].河北师范大学学报:教育科学版,2020,22(1):2-3.

[2] 张端鸿,陈孙延,蔡三发.治理转型:高校发展战略规划制定的范式演进——以A大学"十四五"规划为例[J].复旦教育论坛,2021,19(4):32.

[3] 刘献君.大学战略规划中需要处理的若干关系[J].高等教育研究,2020,41(7):46.

[4] 别敦荣."十四五"时期大学发展规划的战略意义[J].大学教育科学,2021(6):22.

[5] 张继龙,陈廷柱."双一流"建设中的学科发展规划:战略、管理及有效性——基于两所一流大学建设高校的案例分析[J].中国高教研究,2018(7):25.

[6] 吕旭峰.高校"院为实体"改革战略与实施路径:基于综合型高校"十四五"发展规划的思考[J].河南大学学报(社会科学版),2021,61(3):101.

[7] 中国社会科学院经济研究所课题组,黄群慧."五年规划"的历史经验与"十四五"规划的指导思想研究[J].经济学动态,2020(4):4.

[8] 刘雪婷,沈文钦.世界一流大学概念的中国起源及其跨国扩散[J].清华大学教育研究,2021,42(2):5-6.

[9] 江泽民.在庆祝北京大学建校一百周年大会上的讲话[J].中国高教研究,1998(3):4.

[10] 康宁,张其龙,苏慧斌."985工程"转型与"双一流方案"诞生的历史逻辑[J].清华大学教育研究,2016,37(5):12.

[11] 钟秉林."双一流"建设成效评价的价值、方向与反思[J].河北师范大学学报(教育科学版),2022,24(2):20.

[12] 陈彬,温才妃.众议第二轮"双一流":名单背后的"路线猜想"[N].中国科学报,2022-02-15(4).

[13] 梁传杰.高校"双一流"建设:理念与行动[J].国家教育行政学院学报,2017(3):22-24.

[14] 陈廷柱.组织特性对编制高校发展战略规划的影响[J].教育发展研究,2012,32(Z1):46-47.

[15] 刘献君,陈志忠.论战略管理与大学发展[J].高等教育研究,2016,37(3):19-20.

[16] 周巧玲,谢安邦.对高校内部资源配置的思考[J].高等教育研究,2011,32(9):40.

Study on the Interaction Between Five-year Plans and Key Construction Programs in Universities

Zhang Duanhong,Ding Wenjia

Abstract: At present,the ideal state for universities to achieve high-quality development is to promote the stages of the 14th Five-Year Plan and the comprehensive goal of key construction programs. From 1996 up to now,the five-year plans and the key construction programs have gone through these three stages of misalignment,synchronous adjustment and cooperative adaptation,which constitute the institutional design of systematic planning and practice at the university level. On this basis,the university five-year plans and the key construction programs have interacted on four levels: university strategy,management and implementation, resource allocation and result evaluation. The mutual promotion of the two is guaranteed by adhering to the systematic view,optimizing the organization and management,strengthening the strategic management and establishing the comprehensive evaluation.

Keywords: Key Construction Programs;Five-year Plan;Research about Universities

How Internationalization Strategy Enables Quality Development: A Case Study of Zhejiang University

赋能内涵式建设的国际化战略
——来自浙江大学的经验①

|李 敏| |郝人缘|

【摘 要】 国际化是全球高等教育发展的新态势,也是大学服务国家对外开放战略的必然选择。战略地图导向的战略规划方法是高校制定、实施和评估国际化战略的有效方法。作为"双一流"建设重点高校之一,浙江大学基于战略地图制定"浙江大学全球开放发展战略"。该战略明确了学校的国际化发展目标、路径和保障体系,在具体实践中取得了丰硕的成果,有效赋能内涵式建设,对高校制定和实施国际化战略具有镜鉴意义。

【关键词】 国际化;战略;战略地图;赋能

　　高等教育国际化是"将跨国、跨文化或全球维度融入高等教育的目的、功能和过程,从而提高教育和研究质量并为社会发展作出重要贡献"[1]。制定国际化战略、积极开展国际合作交流是大学提高教学科研质量,创建世界一流大学的重要举措。作为"双一流"重点建设大学之一,浙江大学为进一步推进学校国际化进程,实现提质增效、内涵式发展,于 2018 年制定"浙江大学全球开放发展战略"(Global ZJU:CREATE to Impact)(简称"全球开放发展战略"),以期通过国际化建设的战略性突破,更为有力地

①作者简介:李敏,浙江大学国际合作与交流处处长,副教授。
　　郝人缘,浙江大学国际合作与交流处,教育学博士。

服务于人才培养、科研创新等核心任务,进一步推进学校迈向世界一流大学前列。

一、全球开放发展战略的制定依据

回溯历史,1988 年联合国教科文组织(United Nations Educational,Scientific and Cultural Organisation,UNESCO)于第一届世界高等教育大会发布《面向二十一世纪高等教育宣言:观念与行动》,提出"培养全球观念,为国家的稳定和团结,为加强地区间的合作、国际理解以及和平发展的建设服务"是高等教育的应有之义,"全球高等教育机构间的团结与真正伙伴关系原则是教育和培训的关键。国际性应该渗透到课程和教学过程中。"[2] 随后该组织在《教育——财富蕴藏其中》一书中进一步指出:"为促使人们了解国际社会必须解决的所有问题,以及就需要协同行动的问题寻求协商一致,必须把教育合作纳入国际社会。"[3]175 "高等教育机构拥有利用国际化来填补'知识空白'和丰富各国人民之间和各种文化之间对话的很大优势",故国际化逐渐被擢升为与研究、教学和社会服务相并列的第四项职能。[3]127 在 21 世纪的今天,经济全球化的深入发展加速资源汇聚流动,国与国之间的贸易往来和交流互动愈发频繁,高等教育作为一种服务贸易在国际市场扮演着越来越重要的角色;与此同时,气候变化等全球性挑战的解决需要全人类共同努力,新冠肺炎疫情的全球蔓延再次证明人类是一个休戚与共的命运共同体。换言之,全球化在一定程度上加速了高等教育国际化进程,国际化是高等教育机构主动适应全球化所呈现的新态势。

我国正处于中华民族伟大复兴的战略全局和世界百年未有之大变局的交织激荡中,新冠肺炎疫情更加剧了两个大局跌宕交织的变局之变。在此背景下,我国坚持稳中

求变,坚定对外开放。教育对外开放是服务国家对外开放的重要支撑。《教育部等八部门关于加快和扩大新时代教育对外开放的意见》提出要"坚持教育对外开放不动摇,主动加强同世界各国的互鉴、互容、互通,形成更全方位、更宽领域、更多层次、更加主动的教育对外开放局面"[4]。高等教育对外开放主要体现在大学国际化建设上,即"把国际的、跨文化的、全球的维度整合进高等教育的目的、功能或传递的过程"[5]。国际化不仅是高等教育机构顺应国际潮流、应对全球挑战、服务国家需求的必然选择,更是增强整体办学实力、提升国际竞争力、扩大全球声誉和影响力的内在要求。

结合国际国内形势和高等教育自身发展需求,浙江大学围绕服务"立足浙江、面向中国、走向世界"的要求,系统谋划学校全球开放发展事业。教育强省和人才强省战略的实施需要浙江大学提供强有力的科技和人才支撑,引导浙江大湾区创新发展,高质量服务长三角经济社会发展。而作为国内一流的综合性高校,浙江大学肩负服务"国之大者",培养国家战略急需人才、实现高水平科技自立自强的重要使命;作为国际知名的研究型大学,浙江大学积极参与"一带一路"教育行动,助力中国高等教育国际影响力的提升,为构建人类命运共同体作出了贡献。在建设中国特色世界一流大学的进程中,浙江大学清楚认识到与世界顶尖大学之间依然存在差距,通过国际化战略的制定和实施,进一步开放发展,将有助于汇聚全球创新要素和资源,提升高校整体竞争力,从而更好地服务于国家建设世界主要科学中心、世界重要人才中心和全球创新高地的目标。在此背景下,"全球开放发展战略"应运而生。

为确保战略高效制定和有效实施,浙江大学借助战略地图制定和实施本校国际化战略,以填补战略规划与战略实施之

间的鸿沟,确保战略制定的适切性和战略实施的有效性。战略地图源自管理学领域,由哈佛商学院教授罗伯特·卡普兰(Rober S. Kaplan)和复兴全球战略集团总裁大卫·诺顿(David P. Norton)提出,其涵义为"通过简单明了的形式,对一个组织的战略规划的可视化的逻辑表现,是一种有效的战略规划描述、管理、实施和评估的工具"[6]。战略地图明晰了组织战略要素之间的因果关系,有助于组织的无形资产转化为有形成果。

管理学领域的战略地图是将组织目标融入财务、客户、内部及学习与成长四个层面,实现四者的统一协调并创造价值。[7]其中财务是企业成功的最终定义,承载企业战略目标;客户层面定义了目标细分客户的价值主张,是战略选择的中心要素;内部流程为客户创造价值并传递价值主张,体现为企业战略行动;学习与成长是企业人力、技术和组织氛围的结合,对应企业战略支撑。如图1所示,战略地图描述了企业如何借助内部流程的成功运转实现财务和客户层面的期望成果。这些内部流程为目标客户创造价值并传递企业的价值主张,同时促进财务层面生产率目标的实现。学习与成长即为组织的无形资产,是内部流程产生非凡业绩所必不可少的要素。大学等公共部门和非营利组织的战略地图与企业战略地图类似,但其最终目标是实现组织使命而非实现财务增长。

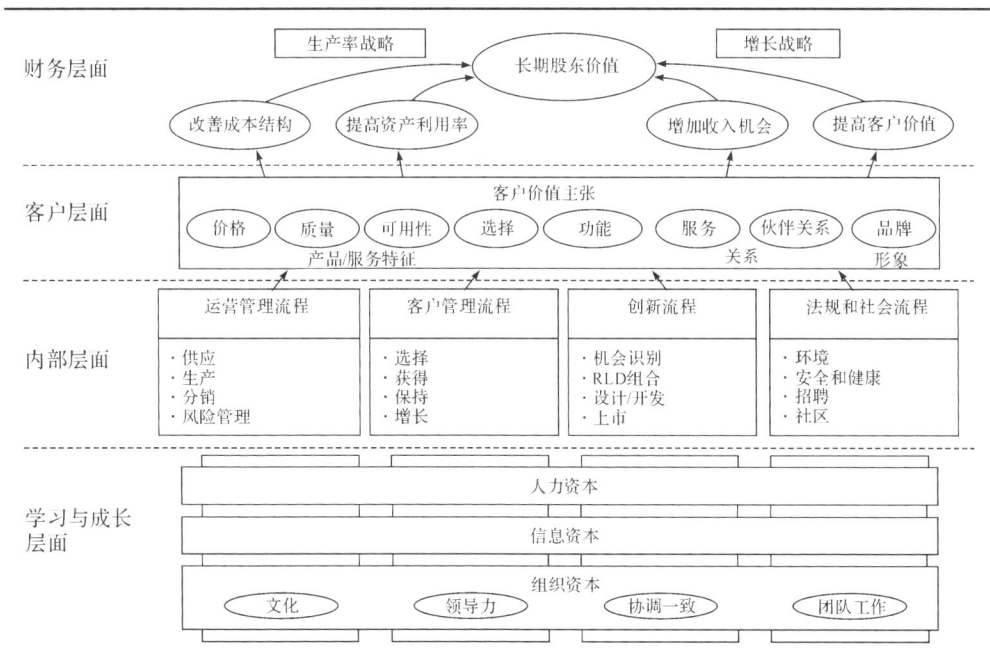

图1 企业战略地图

将战略地图迁移到高等教育领域,可以得出大学国际化战略地图模板:财务层面对应组织目标,客户层面对应利益相关者,内部层面对应内部活动,学习与成长层面对应支撑保障。其中,愿景勾勒大学国际化发展的长远规划,利益相关者包括关乎大学发展的各类人群,目标阐释大学为满足利益相关者需求而制定的短期任务,内部活动描述大学为实现愿景目标而采用的具体措施,支撑保障为大学国际化事业可持续发展创造良好生态。在大学国际化领域应用战略地图,有助于促进国际化战略的制定、实施和评估,系统化、规范化推进工作开展。结合学校发展需求,浙江大学据此制定"全球开放发展战略"地图(见图2)。

愿景	全球视野、双向开放、全面发展的世界一流研究型大学		
	2020:进入世界一流大学行列	2035:跻身世界一流大学前列	2050:达到世界顶尖大学水平

利益相关者	学生		教师		学校		国际
	本科生	研究生	教学	科研	制度	环境	国际伙伴

目标与内部活动	卓越人才培养	一流师资建设	前沿学术创新	管理体系优化	多元文化发展	全球合作网络
	构建新型课程体系	建立海外引才体系	搭建国际科研合作平台	强化人员选育管用	优化双语信息系统	强化实质性合作
	建立跨境培养机制	创新教师聘任制度	构建全球科技创新体系	健全国际化教育培训体系	营造开放融合氛围	打造海外教育基地
	拓展海外交流渠道	完善学术激励制度	提升科学研究的国际影响	建立全球开放的办学系统	提升海外传播动能	推进国际校区建设

支撑保障	制度	组织	人力	资源
	配套制度的建立与完善	构建学校为主导、院系为主体、师生为主角的组织生态体系	打造高素质、国际化的教学科研和管理服务队伍	整合海内外资源、汇聚校友资源、多渠道筹措资金

图 2　浙江大学"全球开放发展战略"地图

二、全球开放发展战略的路径选择

正如上文所述,我国正处于中华民族伟大复兴战略全局和世界百年未有之大变局的交织激荡中,新冠肺炎疫情的全球蔓延进一步加剧了变局之变。在两个大局跌宕交融之际,国际高等教育也正在面临深刻复杂的调整变化。如何在地缘政治风险加剧、单边主义盛行、世界经济衰退、国际交往受限的后疫情时代促进高等教育高质量发展,是包括浙江大学在内的全球教育领域利益相关者必须要深度思考和认真作答的问题。通过制定实施"全球开放发展战略"以革新理念、创新手段、加强支撑是浙江大学的重要选择。

(一)革新理念:谋划全球开放发展新篇章

"全球开放发展战略"体现了浙江大学全球视野、双向开放、全面发展的国际化理念。随着国际化的不断深入发展,"国际化的范围可能超越国家与文化的框架,逐渐发展上升至区域范围内的交流与合作,并进而超越区域性范围而趋向于全球范围。在影响范围或规模上,国际化极有可能达到全球化的程度,从而进入全球化阶段"[8]。浙江大学的全球视野将引领其在满足自身发展需要和国家战略需求的同时,积极主动地参与全球事务,以人类命运共同体理念为制高点引领构建全球教育共同体,提供优质教育国际公共产品,增进全人类共同福祉,助力全球发展。双向开放意味着浙江大学一方面对内开放,发挥院系主体作用,靶向服务区域和国家经济社会发展,一方面对外开放,搭建全球网络平台,切实加强与全球高等教育领域的合作交流,以在地国际化为链接点开启国内国际教育双循环发展格局,汇聚全球资源,打造具有中国特色、世界水平的中外合作办学新高地。全面发展意指学校的国际化战略旨在实现教育理念、办学模式、培养体系、师资队伍、学科内容和校园治理等各个维度的国际化。

为推动建设中国特色世界一流综合型、研究型、创新型大学,浙江大学秉持"一流卓越、开放包容、协同联动、交叉会聚"的理念,力争实现在 2020 年左右进入世界一流大学行列、2035 年左右跻身世界一流大学前列、2050 年左右整体达到世界顶尖大学水平的"三步走"目标。在"全球开放发展战略"中,上述目标被进一步细化为 6 个具体目标维度,即"CREATE":一是打造卓越人才培养体系(Education),二是构建聚焦国际前沿的学术创新体系(Research),三是建设具有全球竞争力的人才队伍建设体系(Talent),四是完善国际化的基础设施条件和制度环境(Culture),五是优化全球合作网络布局(Engagement),六是加强国际化支撑保障体系(Administrative Support)。

(二)创新手段:展现全球开放发展新作为

为培养具有国际视野、全球竞争力和社会担当的高素质创新人才、领导者和知华友华的国际学生,浙江大学开展卓越人才培养专项,致力于提高海外交流质量,提升本科生全球胜任力和竞争力,强化研究生科研创新能力并加大国际联合培养力度,提高国际学生培养质量并改善结构层次。通过开设海外教师主导的全英文课程、建设高质量海外交流项目,实施形式多样的联授学位、搭建"浙江大学国际化专门人才培养基地",赋能学生开展跨文化交流学习,培养全球视野和世界担当。通过拓展高水平国际学生教育项目,完善国际学生招生宣传、教育教学和过程管理相关规章制度和实施办法,持续优化国际学生生源结构,提升培养质量。

为融入全球创新网络、提升学科国际声誉,服务国家建设世界主要科学中心和创新高地,浙江大学推进前沿学术创新专项,从而建设一流学科、培育一流成果,鼓励并推进跨学科、跨国境及与产业的合作。通过与世界高水平大学和学术机构搭建国际科研合作平台,汇聚全球科研资源,开展联合研究共同应对全球挑战;通过谋划政府间国际科技合作项目、跨国企业合作项目以及"一带一路"共建项目,实现产学研协同发展,扩大科研成果影响力;通过实施顶尖大学合作、海外一流学科伙伴和区域合作等项目计划,开展面向全球伙伴的高能级合作。

为延揽全球高水平人才、优化人才队伍结构,服务国家建设世界重要人才中心,浙江大学实施一流师资建设专项,旨在打造具有全球竞争力的一流人才队伍。通过完善多形式多渠道的引才引智制度,借助海外学术大师汇聚计划、高层次人才和青年人才引育计划,实现师资队伍结构多元化;通过构建在国际环境中培养储备人才的良好生态,与顶尖大学联合招收博士后并选派优秀青年教师前往国外顶尖学术机构开展高质量研究,打造具有国际视野的师资储配力量;通过持续创新教师聘任制度,逐步扩大由"百人计划"和"特聘研究员岗位制度"组成的预聘制实施范围,形成有助于人才成长的长聘教职评聘体系。

为优化国际合作布局、构建多层级全球合作伙伴网络,推动实质性、可持续合作,浙江大学制定全球合作网络专项。通过聚焦可持续发展等共性话题主动设置全球议题,积极推动与世界顶尖大学、科研机构和国际企业建立战略合作关系;通过拓展与"一带一路"沿线国家高校的交流合作,推动构建人类命运共同体;通过持续完善"以我为主、高水平、一对多"的办学模式,打造国际合作教育样板区,深入推动在地国际化发展。

为促进传统文化继承、多元文化融合及创新生态建设,建设对外籍师生友好的国际化校园环境,浙江大学推动多元文化发展专项,以期打造一个真正的国际化社区。通过优化双语或多语标识标牌,建设面向外籍教师、国际学生的双语信息管理系统,提升国际化校园品质;通过推进英文网站群、海外社交媒体建设,策划对外传播系列活动,发出浙大声音、讲好浙大故事,传播求是文化,提升学校全球声誉。

(三)加强支撑:构筑全球开放发展新基石

为确保"全球开放发展战略"的顺利实施,浙江大学根据战略中心型组织架构建设全校协同的保障体系,构建全球开放的办学系统。卡普兰和诺顿提出战略中心型组织须遵循以下原则,包括:一是把战略转化为

可操作的行动;二是使组织围绕战略协同化;三是让战略成为每一个人的日常工作;四是使战略成为持续的流程。

对应原则一和原则三,浙江大学已经根据"全球开放发展战略"提出的战略愿景和目标制订《全球开放发展行动计划》,旨在确保国际化战略深入渗透到学校院系各部门的日常工作中。该行动计划针对"CREATE"目标划分设计不同的行动方案,每一项行动方案由目标任务、建设基础、建设目标、推进举措、进度安排和预期成果组成,并明确责任单位,从而以具体举措确保战略落地实施,以绩效指标反馈举措实施成效,使得各单位在国际化整体框架下实现有效的协调联动。为增强战略的可操作性,学校广泛筹措资金,开发校友资源并设立专项经费以确保科研合作的开展和师生交流项目的推进。如学校为本科生设立"本科生海外交流专项经费"和浙江大学"校级外设海外交流基金",同时要求各院系根据实际情况配套经费支持;为研究生制定《浙江大学人文社科专业博士生境外交流专项基金实施办法(试行)》《浙江大学研究生赴境外短期学术交流项目资助管理办法(试行)》《浙江大学资助博士研究生开展国际合作研究与交流项目实施办法》和《浙江大学博士研究生学术新星培养计划实施办法(试行)》等,资助博士生和硕士生赴国外一流高校进行联合培养、参加学术会议、接受技术培训以及开展合作交流。

对应原则二,浙江大学大力构建学校为主导、院系为主体、师生为主角的组织生态体系。一方面,学校成立领导小组,开展顶层设计;建立部门协同机制,畅通交流渠道。另一方面,发挥学院(系)、学科主体作用,自主灵活开展多种形式的国际合作与交流;师生积极建言献策,主动参与并提供反馈信息。同时强化管理人员的选育管用,设置专门岗位,开展能力、业务培训,努力建成一支

具有国际视野、跨文化交流能力的专业人才队伍。对应原则三,浙江大学主要从需求调研、制度建立和结果评估三个方面确保国际化战略成为可持续的流程。在制定"全球开放发展战略"以及《全球开放发展行动计划》前,学校领导带领相关部门负责人组成的调研小组深入院系单位,了解师生现实需求和学院(系)发展困境,从而明确战略方向和目标任务。在整体战略和行动方案正式出台后,学校进一步调整评价机制,为战略的实施和行动的开展提供制度保障。现已建立跨部门国际科技合作统筹协调机制,规范管理和支持科研合作项目;完善讲座教授、兼职兼任教授、访问学者等多形式的柔性引才引智制度,建成一支具有相当规模、专兼结合的国际化师资队伍。在"全球开放发展战略"实施的第二年,浙江大学制定学院(系)国际化建设评价指标,评估结果将为学校国际化战略的完善和发展提供参考。

三、全球开放发展战略的成效

浙江大学实施"全球开放发展战略"以来,在学校人才培养、科学研究、队伍建设等内涵式发展的核心维度展现出了较好的建设成效。

全球合作网络布局不断完善。当前已经与六大洲 40 余个国家和地区 200 多所高校、科研机构和国际组织建立合作关系,构建了以顶尖大学合作为"峰",以欧美、亚太、"一带一路"、金砖国家及国际组织合作交流为"脉"的多维度国际合作网络。合作伙伴中既有剑桥、耶鲁、普林斯顿等多所世界顶尖大学,也有南美、非洲有关国家的重点高校,并且与世界经济论坛、联合国粮农组织、国际电信联盟等国际组织建立合作,已构建起多元、多层次、紧密的双边和多边合作关系,有效支撑和推动人才培养、队伍建设、科学研究等方面的国际合作。

学生培养国际化稳步推进。当前已经与全球六大洲 180 多所高校开展近 700 个学生交流项目,形成具有一定规模的常态性学生交流格局。一方面学生"引进来"规模显著提升:近年来国际学生整体规模稳步增长,国际学生总数,国际本科生和博士生人数均位居 C9 高校前列。另一方面学生"走出去"质量不断提高:近五年来,学生海外学习交流达 3 万余人次,足迹遍布 93 个国家和地区,博士生海外交流率超 110%,本科生中超过半数学生赴世界前 50 高校学习交流,博士生中 1/2 左右学生前往世界前 20 顶尖高校开展学习和科研。

师资国际化水平明显提升。在全校师资队伍中,拥有海外博士学位的教师比例近 30%,外籍教师和博士后 300 多人,海外教师来自近 300 家境外单位。为培育青年人才,学校推出博士后联合培养计划,与斯坦福大学、剑桥大学等世界顶尖大学联合招收博士后,为培养具有国际竞争力的高水平师资储备人才。为引进学术大师,设立"求是讲座教授"和"光彪讲座教授",聘任 500 余位全球高端人才;建立科学家联合工作室,实施"学术大师汇聚计划",吸引包括诺贝尔奖获得者在内的海外顶尖学者加盟。

国际科研合作蓬勃发展。国际合作论文占比不断加大,年度增幅近 10%,22.2%的国际合作论文进入全球前 10%的高被引论文之列,高于整体比例近 10 个百分点。与斯坦福大学、耶鲁大学、多伦多大学等世界高水平大学在基础和临床医学、环境等多个学科领域成立联合研究中心,开展多层次、机制性合作。建立了 35 个省部级国际科技合作基地(中心),10 个学科入选"高等学校学科创新引智计划(111 计划)"。与国际著名出版社联合创办高水平国际期刊,如与施普林格共同出版的机械工程和生物医学领域英文刊物《生物设计与制造》(*Bio Design and Manufacturing*),由浙江大学和牛津大学的两位国际知名学者担任主编，经过四年建设，影响因子达 6.3，已成为该领域有影响力的期刊。

四、对高校国际化建设的镜鉴意义

我国高等教育国际化发展正在迈向提质增效、内涵式发展道路。制定国际化战略成为大学服务国家对外开放战略、提高自身国际化水平的重要举措。一方面，国际化渗透到大学人才培养、科学研究和社会服务的方方面面并引领和指导各项工作的开展；另一方面，大学制定专门性战略规划并建设全方位支撑体系以推动国际化的稳步发展。在此背景下，浙江大学应用战略地图导向的战略规划方法，制定并实施"全球开放发展战略"的经验对中国高校具有一定借鉴意义。

首先，是制定整体战略规划，全方位覆盖学校工作。2017 年《关于加强和改进新形势下高校思想政治工作的意见》指出高校肩负着人才培养、科学研究、社会服务、文化传承创新及国际交流合作的重要使命。"全球开放发展战略"据此提出卓越人才培养、一流师资建设、前沿学术创新、多元文化发展和全球合作网络五大专项，在全面贯彻落实高校五大职能的基础上，强调大学职能的强化、优化和国际化。中国高校可基于国家教育对外开放要求和学校自身发展需求，对自身资源优势、弱势领域和发展空间进行全面剖析，从而明确与学校整体发展战略相契合的国际化发展愿景。在此基础上，结合师生需求和现有基础条件，针对高校五大职能制定阶段性建设目标。通过国际化氛围营造和国际化制度建设，鼓励在日常工作中践行国际化战略的理念和内涵，将国际化维度融入高校工作的方方面面。

其次，是建立工作联动机制，调动全校力量参与其中。为推进战略实施，浙江大学形成了校领导牵头、职能部门协调、学院（系）主导的协同治理体系，分别负责国际化战略的顶层设计和宏观布局、统筹协调和监督指导以及系统实施和评估改进；建立了跨部门协调机制以及部门与学院（系）的联动机制，明确责任分工、畅通沟通渠道，从而确保各利益攸关方在国际化建设上各司其职、各尽其责。国际化建设不是一蹴而就的，国际化战略的制定和实施需要学校整体的参与和努力。学院师生是国际交流与合作的践行推动者，管理人员是国际交流与合作的管理服务者，双方皆在学校国际化建设中扮演重要角色。鉴于此，高校应加强学院（系）国际化主体意识建设，鼓励师生参与国际化战略的规划过程；推动职能部门行政管理体系改革，提升管理人员的国际化服务意识和能力。同时建立辐射职能部门和学部院系的横向联动和纵向衔接机制，有助于上情下达、左右沟通，从而形成推动国际化战略制定和实施的强大合力。

最后，是构建多级支撑格局，确保各类资源投入。浙江大学从智力、财力和人力等方面支持"全球开放发展战略"的顺利实施。为确保战略内容的适切性和战略实施的有效性，学校调研了解学院（系）需求，开展评估追踪实施效果。为鼓励师生赴海外开展科研合作、进行学术交流，学校设立专项经费并配套出台相关资助政策和激励政策。同时注重对国际化师资队伍的选育管用，加强对管理人员的培养锻炼，着力提升践行"全球开放发展战略"的本领能力。借鉴此经验，高校可通过开展专家咨询论证、院系需求调研和定期追踪评估为国际化战略的制定提供智力保障，从而确保国际化战略的科学性和合理性；通过建设国际化师资队伍和国际化管理队伍为国际化战略的实施提供人力保障，从而确保国际化战略融入教职工的日常教学、科研和管理工作中；通过建立多渠道经费筹措机制和设立专项资助经费为国际化战略的推进提供财力保障，从而确保国际化战略的可操作性和可持续性。

参考文献

[1] International Association of Universities. Strategic Priorities[EB/OL]. [2022-05-15]. https://iau-aiu. net/Internationalization.

[2] 教育部. 面向二十一世纪高等教育宣言:观念与行动(草案)[EB/OL]. [2022-04-15]. http://old. moe. gov. cn/publicfiles/business/htmlfiles/moe/moe_236/200409/712. html.

[3] 联合国教科文组织总部. 教育——财富蕴藏其中:国际21世纪教育委员会报告[M]. 联合国教科文组织总部中文科,译. 北京:教育科学出版社,1996.

[4] 教育部. 教育部等八部门印发意见加快和扩大新时代教育对外开放[EB/OL]. (2020-06-23)[2022-05-15]. http://www. moe. gov. cn/jyb_xwfb/s5147/202006/t20200623_467784. html.

[5] 简·奈特. 激流中的高等教育:国际化变革与发展[M]. 刘东风,陈巧云,译. 北京:北京大学出版社,2011:26.

[6] 韩双淼,钟周. 大学战略地图的发展:一项比较研究[J]. 清华大学教育研究,2013,34(4):65.

[7] 罗伯特·卡普兰,大卫·诺顿. 战略地图:化无形资产为有形成果[M]. 刘俊勇,孙薇,译. 广州:广东经济出版社,2019:6.

[8] 黄福涛. "全球化"时代的高等教育国际化:历史与比较的视角[J]. 北京大学教育评论,2003(2):94.

How Internationalization Strategy Enables Quality Development:
A Case Study of Zhejiang University

Li Min, Hao Renyuan

Abstract: Internationalization is not only a new trend of global higher education development, but also an inevitable choice for universities to serve China's opening-up policy. Strategic mapping is an effective method to formulate, implement and evaluate their internationalization strategies. As one of the key universities of "Double First-class" construction, Zhejiang University formulated the "Global ZJU: CREATE to Impact" based on the strategic map, which defines the internationalization development goal, path and guarantee system of the university, and it has yielded fruitful results in practice, enabling the connotative construction of the university. It may help other universities in China formulate and implement the internationalization strategy.

Keywords: Internationalization; Strategy; Strategy Map; Enabling

The Structure Quality of Graduate Education in China from the Perspective of Building World's Talent Highland

建设世界人才高地视域下我国研究生教育结构质量分析①

|徐艳茹|　|刘继安|

【摘　要】 研究生教育质量对我国建设世界主要科学中心和人才高地意义重大。研究生教育结构质量是研究生教育质量的重要组成部分,优化结构是新阶段实现我国研究生教育高质量发展的重中之重。本文分析了我国研究生教育学科、类型、层次结构与国家高层次人才需求之间的匹配程度,以期对优化我国研究生教育结构、提升质量提供启示。

【关键词】 人才高地;研究生教育质量;结构质量;学科;类型;层次

一、引言

当今世界处于百年未有之大变局,国际竞争日趋激烈,科技自立自强成为国家发展的战略支撑。习近平总书记多次指出,"要努力成为世界主要科学中心和创新高地","加快建设世界重要人才中心和创新高

① 本文系全国教育科学规划 2022 年度国家青年课题"科教融合育人组织模式与协同机理的国际比较研究"(课题批准号:CIA220288)成果。

作者简介:徐艳茹,中国科学院大学公共政策与管理学院博士后,中国科学院大学特别研究助理,主要从事科教融合国际比较、高校人才培养及高等教育社会学研究。

刘继安(通信作者),中国科学院大学公共政策与管理学院教授,博士,现从事高等教育管理、创新人才培养及比较与国际教育研究。

地"。[1]研究生教育作为国民教育的顶端,肩负着高端人才供给和科技创新的重要使命,在世界主要科学中心、创新高地以及人才高地建设中发挥着重要作用。已有研究表明,在校研究生是参与高校科研项目以及国家自然科学基金委资助项目的生力军[2],对国家科学技术进步作出了突出的贡献[3],其中一个表征是我国发表的国内外高水平论文中绝大部分研究生是主要参与者。[4][5][6]由此可见,研究生教育是新阶段我国建设世界人才高地,厚植人才自主培养根基的重要抓手。

改革开放以来,我国研究生教育规模持续扩大,研究生招生人数从 1978 年的 1 万人增长至 2021 年的 111 万。[7]从规模上看,我国已经成为研究生教育大国,然而,研究生教育质量尚未与规模扩张同步,距离研究生教育强国还有相当距离,面临着由"外延式"规模扩张到"内涵式"质量提升的发展任务。研究生教育结构是内涵和质量的重要指标,着力优化结构是新阶段实现我国研究生教育高质量发展的重中之重。[8]研究生教育结构质量是研究生教育质量的一个重要组成部分,是指研究生教育所培养的学生在学科、类型、层次结构等方面满足社会需求的程度。研究生教育与社会需求的匹配度越高,则研究生教育结构质量越高。[9]本文通过分析我国研究生教育的学科、类型、层次结构与国家社会经济发展趋势以及与人才需求之间的匹配程度,为优化我国研究生教育结构质量提供参考。

二、我国研究生教育结构与社会需求的匹配度分析

(一)学科结构与社会需求的匹配度分析

研究生教育的学科结构质量是指培养的人才与社会经济发展和劳动力市场需求的匹配程度[10],本文通过我国研究生培养结构与产业结构的匹配情况来表征。人才培养规模、结构与经济发展水平的关系是一个非常复杂的课题。在一个发展迅速、产业结构处于快速调整升级的经济体当中,研究生教育结构与产业结构同构并非最佳状态。鉴于教育发展相对滞后的特点,最理想的是基于预计的发展速度和方向而适度超前发展研究生教育,但又不至于过度超前而导致学生毕业后难以找到相对匹配的岗位,浪费有限的教育资源。[11]

就产业结构而言,2021 年我国三大产业增加值占 GDP 的比重分别为 7.3%、39.4% 和 53.3%,第三产业占比超过第一、第二产业占比之和,这说明我国已经实现了工业化和现代化。[12]从各行业增加值占 GDP 比重来看,工业增加值占 GDP 比重最高,为 32.6%。其中,装备制造业增加值比上年增长 12.9%,高于工业平均水平 3.3 个百分点,对全部规模以上工业增长贡献率达 45.0%;高技术制造业保持快速增长,增加值比上年增长 18.2%,高于工业平均水平 8.6 个百分点,对全部规模以上工业增长的贡献率为 28.6%。[13]这说明我国的工业转型升级正在稳步推进。

然而,与发达国家相比,我国产业结构仍具有较大优化空间。根据世界银行最新数据,美国的三大产业构成在 2020 年分别是 0.84%、4.28% 和 81.5%,以制造业强大而闻名的德国则分别为 0.74%、26.53% 和 72.73%(见表 1)。[14]美、德两国第三产业比重远高于我国,说明未来我国第三产业发展的空间较大,对相关行业人才具有很大潜在需求。

表 1　中美德产业结构与就业结构

	三大产业增加值占 GDP 比重			三大产业就业人口比(2019)		
	中国(2021)	美国(2020)	德国(2020)	中国	美国	德国
第一产业	7.7%	0.8%	0.7%	25.4%	1.3%	1.2%
第二产业	37.8%	4.3%	26.5%	28.2%	19.8%	27.0%
第三产业	54.5%	81.5%	72.7%	46.4%	78.9%	71.7%

中国数据来源:国家统计局,中国统计年鉴 2021。
美德数据来源:World Bank,Featured Indicators。

从三大产业就业人口的比重来看,2019年尽管我国第一产业对 GDP 的贡献不足4%,但就业人口却占比 25.4%,远远高于美国的 1.3%和德国的 1.2%。这一方面说明我国第一产业就业人口的劳动生产率不高,另一方面说明未来我国仍具有较大的农业劳动力转移空间。我国第二产业就业人口比例为 28.2%,与德国相当(27.0%),比美国 19.8%的就业人口比重高约 10 个百分点,这与美国制造业大量外迁有关。第三产业就业人口占比 46.4%,与美国的78.9%和德国的 71.7%有较大差别。同时,相对于德国第二产业和第三产业产值占GDP 比重与相应的从业人口比重相匹配的情况,我国第二产业和第三产业增加值的GDP 占比高过从业人口占比,说明我国第二和第三产业生产效率相对较高,其原因有可能与我国近年来高附加值知识和技术密集型制造业与服务业快速发展相关。

2010 年时我国知识和技术密集型制造业(Knowledge and Technology-Intensive Industry Manufacturing)产值约为 852.6 亿美元,美国约为 975.7 亿美元,比我国多 123.1 亿美元。而到 2019 年,我国为 1981.9 亿美元,美国为 1301.7 亿美元,我国比美国多680.2 亿美元,[15] 显示出我国高新技术制造业的快速发展。这与党的十八大以来我国始终坚持实施创新驱动发展战略密切相

关,而我国快速增长的 R&D 投入和研究生教育为创新驱动发展模式提供了有力的支撑和保障。然而,与先进制造业国家相比,我国中高技术制造业增加值占制造业的比重仍然偏低。据世界银行最新数据显示,2019 年我国中高技术制造业增加值占制造业的比重为 41.5%,而美、德、法、日在50%~60%之间,新加坡更是高达 85%,卡塔尔和韩国也分别达到了 65% 和 63%。[14]这意味着未来我国制造业的转型升级还有较大空间,而这势必对高科技人才产生巨大需求。

就我国第三产业人力资源而言,根据2020 年国家统计局数据,以科学研究和技术服务业、信息传输、软件和信息技术为代表的知识和技术密集型服务业(KTI Services)用人量只占第三产业整体用人量的 2.56%左右。[12] 与用人量少相对应的是,我国知识和技术密集型服务业虽然在近年来获得了快速发展,但总体规模与美国相比仍然差距显著。2010 年我国知识和技术密集型服务业产值约为 94.8 亿美元,美国为508.3 亿美元。2019 年我国为 285.5 亿美元,美国为 1034.5 亿美元,[15] 由此可见,我国在该领域存在着广阔的发展空间以及对高层次人才的巨大需求。

以上分析说明,与经济与科技先发国家相比,我国第一产业劳动力生产率有待提

高。同时,我国第二产业中的中高技术制造业和第三产业整体(特别是知识技术密集型服务业),都有较大提升空间。在控制就业替代弹性的前提下[①],第一产业高层次人才需求主要靠农学研究生教育来满足,第二产业高层次人才需求主要靠理工科研究生教育来满足。研究生毕业生人数可以衡量当前高层次人才的供给规模,而研究生招生人数与在校生人数可以衡量短阶段内高层次人才的储备量。基于此,本文分析了我国研究生教育学科结构与产业需求的匹配程度(如表2所示)。

表2　2020年我国研究生的学科分布

学科	毕业人数占比	招生人数占比	在校生占比
理工科	42.4%	43.6%	45.8%
农学	4.1%	5.1%	4.8%
其他	53.5%	51.3%	49.4%

数据来源:教育部官网.2020年教育统计数据。

与表1中我国第一产业增加值占GDP超过7%相比,当下以及短阶段内我国农学高层次人才供给量偏小。我国理工科研究生规模较大,与当前我国制造业大国地位以及知识和技术密集型制造业的高产值相呼应。但从产业发展需求而言,为实现未来我国中高技术制造业的跨越式发展,需要保证我国理工科人才培养规模优势,面向未来产业发展需求,持续优化理工科内部学科专业研究生教育结构。

过去20多年,我国高层次的科技人才大多在以美国为首的发达国家接受过科研训练,鉴于当前国际国内形势,我国高层次人才必须立足自主培养:一是因为,美国构筑起对我国关键技术领域的壁垒,卡断了部分关键技术领域人才国际合作培养的路径;二是因为,虽然近年来我国对国际留学人才的吸引力在逐渐增强,但远未达到像美国那样的吸纳规模与质量。据美国国家科学委员会数据显示,2019年美国STEM相关岗位中,外籍人员占比为19%,其中38%具有硕士学位,45%具有博士学位。[15]由此可见,建设高层次人才自主培养体系迫在眉睫。

对于第三产业高层次人才需求,本文重点分析面向人民生命健康的医学研究生教育。2020年,我国医学硕士毕业生占研究生毕业生总量的比例为11%,医学博士毕业生占比为15.5%。[7]同年,美国医学硕士毕业生占比为16%,医学博士毕业生占比为43.4%。[15](见表3)进一步对比2020年中美医学研究生毕业生占总人口的比例发现,美国为21.8万比3.3亿(每10万人有66人),而我国为8万比14亿(每10万人有5.7人)。医疗健康相关产业大多属于第三产业服务业,美国医学博士毕业生的高比例与第三产业从业人员的高比例相一致。当前,我国进入发展新阶段,人民对美好生活向往提出更高要求,健康是美好生活的基础前提。与此同时,我国已进入老龄化社会,叠加新冠肺炎疫情在世界蔓延的情况,我国急需面向人民生命健康,加大医疗健康领域研究生培养的规模和力度。

①　就业替代弹性指,具有某种专业与技能特征的劳动者能够被其他人替代的比率。参考:Bowles S. Aggregation of labor inputs in the economics of growth and planning:experiments with a two-level CES function[J]. Journal of Political Economy,1970,78(1):68-81.

表 3　中美医学研究生规模（2020）

	中国		美国	
	硕士	博士	硕士	博士
硕博毕业生比重	11％	16％	16％	43.4％

中国数据来源：教育部，2020 年教育统计数据。
美国数据来源：National Center for Education Statistics，Digest of Education Statistics。

（二）类型结构与社会需求的匹配度分析

研究生类型结构指学术型研究生和专业型研究生的结构比例。我国的专业学位设置始于 20 世纪 80 年代中后期，至 2020 年我国专业学位研究生毕业生人数已经超过学术型研究生，占研究生总毕业人数的 51.1％，但其中大部分是专业型硕士研究生，占比达 99.3％。就硕博研究生内部结构而言，2020 年我国毕业的硕士研究生中 55.8％为专业型，而毕业的博士研究生中只有 9.7％是专业型。而根据最新数据，2011—2019 年美国授予学术型博士学位总数约为 72 万，只占博士生培养总数的 45％。[15] 这一方面与美国高比例的医学研究生密切相关，另一方面，也说明我国专业型博士生教育具有较大的发展空间。实际上，我国自去年以来已经把培养急需领域专业型博士研究生作为了重点发展的方向，布局了一系列专项计划。

为了探析学术型和专业型研究生教育与社会需求的匹配度，本研究将社会职业分为学术职业和非学术职业，根据这两大类职业的就业情况，来分析社会对学术型研究生和专业型研究生的需求情况。本文将高校中教学科研人员和科研机构中全时 R&D 人员对应学术型研究生人才培养需求，将除此以外的职业界定为非学术职业。学术职业的社会需求主要依靠学术型博士生教育来满足。2010—2020 年，我国学术型博士学位获得者数量为 59 万人，高校教学科研人员数量增加了 42 万[16]，科研机构全时 R&D 人员增加了 14 万。[17] 也就是说，10 年间我国学术职业岗位供给约为 56 万个，比学术型博士毕业生总人数少了 3 万，表明我国学术型博士生的培养总体处于供大于求的状况。

在非学术职业就业人员中，企业全时 R&D 人员面向科技应用和工程实践开展研发活动，是专业型研究生重要对口就业方向。当前，企业全时 R&D 岗位对专业型研究生的需求旺盛、人员缺口巨大。我国企业全时 R&D 人员由 2010 年的 161 万增长至 2020 年的 419 万[17]，即，10 年间企业 R&D 部门的用人需求总量增长了 258 万。而与此同时，我国专业型博士毕业生在过去 10 年间累计约为 2 万人，专业型硕士毕业生累计为 203 万人。这就意味着即使所有专业型硕士毕业生和博士毕业生都去企业从事全时 R&D 工作，也还是存在 53 万人的缺口。企业 R&D 人员整体学历较低，在很大程度上制约了我国企业的技术创新能力。

（三）层次结构与社会需求的匹配度分析

研究生教育的层次结构质量包括两个层面：一是研究生教育的内部层次结构与社会经济发展需求的吻合度——既要满足经济发展对相应人才层次的需求，又不会因为从业人员受教育程度远高于实际工作所需而导致教育过度，造成教育资源浪费；二是研究生教育与教育内部其他层次的发展衔接匹配，这主要体现在研究生教育发展在速度和规模上与本科教育相协调适应。本/硕在校生比值过高,说明研究生教育发展不充分(当然这与经济发展不同阶段对不同层次人才的需求有关);比值过低,则研究生教育生源质量难以保障。

研究生教育内部层次结构质量主要体现为硕士、博士教育发展的规模和速度。由图1可知,从2010至2020年,中美两国硕士和博士学位获得者的数量都有所增长,但美国硕士和博士学位获得者无论从绝对数量还是从增长数量来看都超过我国。建设世界科学中心和创新高地,研究生教育是人才基础与智力支撑,对标建设目标,我国研究生教育规模整体还有进一步提升的空间。

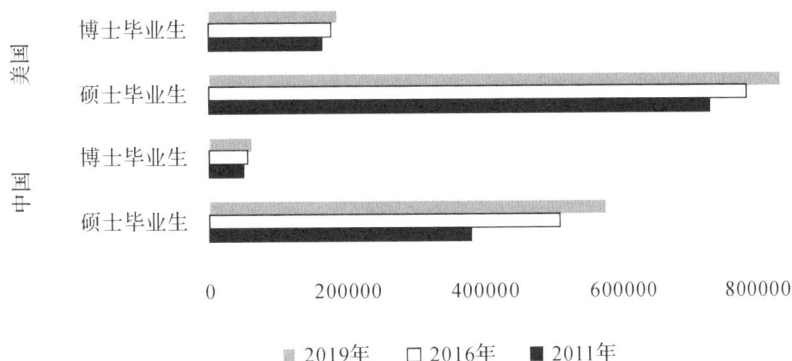

图 1　中美硕博学位获得者的数量变化(2010—2020 年)

中国数据来源:教育部,教育统计数据。

美国数据来源:National Center for Education Statistics,Digest of Education Statistics。

进一步比较中美两国硕士学位获得者与博士学位获得者数量比值发现(如图2),美国一直平稳地保持在较低的水平——硕士学位获得者数量约为博士学位获得者数量的4倍,而我国硕士学位获得者的数量远远超过博士学位获得者数量,且一直呈上升趋势。近年来我国硕士学位获得者数量是博士学位获得者数量的9倍多。我国硕士研究生教育的学程以3年为主,这与过去社会经济和研究生教育发展水平都直接相关。随着我国现代化进程和研究生教育的发展,应对标国际趋势,加快调整研究生教育内部层次结构,扩大基础学科领域直博生比例。

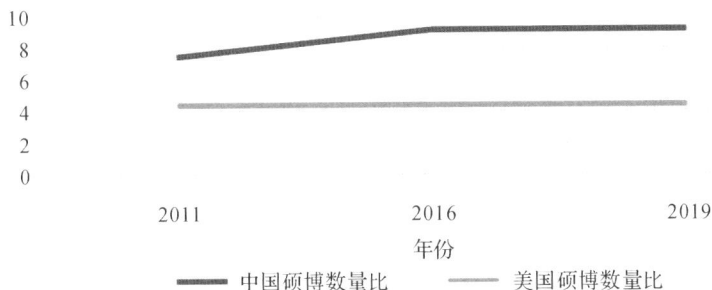

图 2　中美硕博学位获得者人数比(2010—2019 年)

中国数据来源:教育部,教育统计数据。

美国数据来源:National Center for Education Statistics,Digest of Education Statistics。

从研究生教育与本科教育发展的速度和规模来看（见图3），2010—2020年间，美国和我国在读本科生对在读研究生的比值都经历了下降，且呈现出接近的趋势。这与我国近年研究生教育的扩招相呼应，尤其是2017年起非全日制研究生和全日制研究生开始实行并轨招生，当届研究生招生人数比2016届多了13万。

图3 中美在读本科生与研究生人数比（2010—2020）
中国数据来源：教育部，教育统计数据。
美国数据来源：National Center for Education Statistics，Digest of Education Statistics。

但是从我国对科技人才的需求来看，我国研究生教育的层次结构尚未满足社会需求。一个社会每千人就业人口中R&D研究人员数量，以及全时R&D人员中拥有研究生学历人数特别是博士学位获得者人数，很大程度上代表了人力资源的质量。国家统计局数据显示，2019年我国全时R&D研究人员总数为200万人，位居世界第一，但我国每千人就业人口当中R&D研究人员的密度却很小，只有2.55人[17]，远低于发达国家。例如，2019年，韩国每千人就业人口当中R&D研究人员为15.9人，瑞典为15.1人，美国为9.8人①，日本为9.8人。根据OECD最新数据，2020年我国R&D研究人员占所有R&D全时人员的比例为43%，而新加坡和韩国都超过了80%，日本为76%，英、法、德三国也都超过了60%。[18]根据《中国科技统计年鉴2021》，2020年我国R&D全时人员中，硕博学位获得者只占三成。可见，当前我国不仅R&D研究人员密度小，而且R&D人员的学历结构仍然偏低。提高R&D研究人员比例以及R&D人员中具有研究生学历人员比例，对于我国R&D能力提升非常关键。

三、总结与启示

新发展阶段，我国面临着建设世界科学中心和创新高地以及全球人才高地的历史重任，而研究生教育是基础与支撑。虽然我国研究生教育在过去40年里发展迅速，取得了巨大的成就，然而在结构质量上仍未能很好满足社会需求，与美国等科技先发国家相比，与我国建设目标相比，都还存在着差距。从学科结构上看，我国农学、医学研究生教育都需要进一步发展；鉴于我国高技术含量行业规模将持续发展，对相关领域高层次人才的需求量将进一步扩大，因此需要保持理工科研究生教育与高科技产业的同步发展。从类型结构上看，我国学术型博士生培养供大于求，而专业型研究生培养整体供不应求，说明我国研究生教育类型结构质量

① 美国为2018年数据。

与社会需求存在着"错配",需要提高专业型尤其是专业型博士人才的培养规模。从层次结构上看,无论是硕士研究生教育还是博士研究生教育,相对规模发展不充分,尚不能满足社会发展对高层次人才的需求。基于此,本文提出优化我国研究生教育结构的如下建议。

(一)面向国家需求,支持理工农医类研究生教育发展

作为国家长治久安的基石,农业承担着保障国家食物安全、生态安全、可持续发展的历史使命。然而,我国第一产业整体现代化和集约化程度低,需要通过研究生教育进一步提高第一产业就业人口素质。我国第三产业就业人口占总人口比重较低,劳动力市场仍然位于低端行列,需要扩大第三产业相关学科研究生教育培养规模。我国要扩大与科学研究和技术服务业,以及信息传输、软件和信息技术等国家关键领域和社会重大需求相关学科的研究生教育规模。这不仅因为我国当前正处于稳步推进产业升级的关键时期,对这些学科领域人才有着强烈的需求,也是因为当下国家"急难险重"领域研究生教育发展不足。例如,当前我国亟需芯片人才来破解芯片技术"卡脖子"的困境,但预计到 2023 年我国将面临超 20 万的芯片人才缺口。[19] 随着人民生活水平的提高以及平均寿命的延长,尤其在后疫情时代,可以预见医药卫生行业对高端人才需求很大,因此有必要扩大医学领域研究生教育规模。

(二)面向劳动力市场需求,扩大专业型研究生教育规模

在优化学科结构的同时,也要综合考虑不同行业对高层次人才类型的需求。随着社会经济以及研究生教育自身的发展,学术机构以外的其他行业对高层次人才的需求在不断增长,越来越多的研究生毕业生开始到学术机构以外单位就业。然而,当下我国研究生尤其是博士生教育主要为学术型,且专业型研究生与学术型研究生培养方案存在着同质化倾向,这与产业界对专业技术型高层次人才的需求不适应。因此,未来我国研究生教育应在保障基础学科学术型研究生培养规模的前提下,对于强调实践应用能力的学科,例如工程、医学、法律、金融、教育等,大力发展专业型研究生教育,改革培养模式以突出专业型特点,通过加强校企联合培养、订单式培养等模式,培养专业型研究生实践能力。

(三)完善制度设计,提升博士生教育质量与规模

当前我国知识与技术密集型产业的产值位列世界第一,但是知识与技术密集型产业的产值占比还有很大提升空间,这意味着对于高层次人才具有巨大需求。然而我国每千人就业人口当中 R&D 研究人员的密度相较于科技先发国家较小,且每千人 R&D 全时人员中,接受过研究生教育的人员比例只有 1/3,接受过博士生教育的只有 1/10。这说明我国研究生教育事业,尤其是博士生教育,并未充分满足社会需求。从教育内部各阶段的匹配性来讲,我国本/硕在读生的比例逐年缩小,但是硕/博数量比居高不下。

导致此情况的一个原因是我国严格的博士生招生指标配给审批制度。近年来,我国博士生教育的生师比逐年下降,早在 2018 年,全国博士生导师平均每年已经招不到一个学生了。[20] 博士研究生不仅是未来高层次人才的后备队伍,也是当前科学研究最富有创新创造活力的生力军。因此,为进一步发展我国博士生教育,应弱化博士生招生中的"计划"机制,加强培养单位博士生招生的自主权,允许国家重点建设科研平台

43

和承担重大科研任务的团队招收科研经费博士生;同时,将博士生导师资格与"帽子"脱钩,培养优秀年轻导师,保证博士生导师的持续供给。

我国硕士学制较长也是造成层次结构失调的原因。这与过去我国经济发展水平总体较低、博士生教育发展不充分有关,硕士毕业生承担着发达国家博士毕业生的工作任务。然而,在我国研究生教育已获得较大发展的今天,可以考虑通过调整学制、优化研究生教育层次结构,使之与社会需求更加吻合。例如,对专业型学位可以制定多样化的、更为灵活和富于弹性的学制标准,降低论文学术方面的要求,提高对实践能力培养的要求。

参考文献

[1] 中华人民共和国中央人民政府.习近平:努力成为世界主要科学中心和创新高地[EB/OL].[2022-05-26].http://www.gov.cn/xinwen/2021-03/15/content_5593022.htm.

[2] XU Yanru, LIU Ji'an. The Developmental Trends of Graduate Education in China[J]. International Higher Education,2022(110):36.

[3] 秦安安,刘铁钢,王悦,等.研究型大学博士生在国家科学技术奖励中的贡献初探[J].学位与研究生教育,2020(11):5.

[4] 许仪,王晗,郑华.研究型大学博士研究生对ESI高被引论文发表的贡献初探:以中山大学自然科学类学术型博士研究生为例[J].研究生教育研究,2017(6):70.

[5] 袁本涛,王传毅,吴青.我国在校研究生的学术贡献有多大?[J].高等工程教育研究,2015(1):154.

[6] 袁本涛,王传毅,胡轩,等.我国在校研究生对国际高水平学术论文发表的贡献有多大?:基于ESI热点论文的实证分析(2011~2012)[J].学位与研究生教育,2014(2):57.

[7] 中华人民共和国教育部.2020年教育统计数据[EB/OL].[2022-04-13].http://www.moe.gov.cn/jyb_sjzl/moe_560/2020/.

[8] 王战军,常琅,张泽慧.研究生教育高质量发展:时代背景、逻辑意蕴和路径选择[J].学位与研究生教育,2022(2):9.

[9] 孙健.结构质量:研究生教育质量的宏观解读[J].学位与研究生教育,2011(9):11.

[10] 袁本涛,王传毅,曾明彬.我国研究生教育科类结构与经济、科技发展协调性的实证研究:基于协整理论的视角[J].清华大学教育研究,2013,34(4):93.

[11] 李锋亮,孟雅琴.我国研究生规模扩展是惯性依赖还是需求驱动[J].教育发展研究,2021,41(Z1):14.

[12] 国家统计局.中国统计年鉴2021:国际主要社会经济指标[EB/OL].[2022-04-13].http://www.stats.gov.cn/tjsj/ndsj/2021/indexch.htm.

[13] 中华人民共和国中央人民政府.统计局相关司负责人解读2021年全年主要经济数据[EB/OL].(2022-01-18)[2022-04-13].http://www.gov.cn/shuju/2022-01/18/content_5669005.htm.

[14] World Bank. Featured Indicators[EB/OL]. (2022-04-08) [2022-04-13]. https://data.worldbank.org/indicator/.

[15] National Science Board, National Science Foundation. Science and Engineering Indicators 2022:The State of U. S. Science and Engineering[EB/OL]. [2022-04-13]. https://ncses.nsf.gov/pubs/nsb20221.

[16] 中华人民共和国教育部.高等学校科技统计资料汇编[EB/OL].[2022-04-13].http://www.moe.gov.cn/s78/A16/A16_tjdc/.

[17] 国家统计局.中国科技统计年度数据[EB/OL].[2022-04-13].http://www.stats.gov.cn/ztjc/ztsj/

kjndsj/.

［18］OECD. Main Science and Technology Indicators［EB/OL］.［2022-04-13］. https://localhost/OECDStat_ Metadata/ShowMetadata. ashx? Dataset＝MSTI_PUB＆ShowOnWeb＝true＆Lang＝en.

［19］EE Times China.《中国集成电路产业人才发展报告（2020—2021 年版）》发布，未来两年仍有 20 万人才缺口［EB/OL］.（2021-11-02）［2022-04-13］. https://www. eet-china. com/news/202111020204. html.

［20］陈彬. 不足还是错配［N］. 中国科学报，2022-03-15(4).

The Structure Quality of Graduate Education in China from the Perspective of Building World's Talent Highland

Xu Yanru,Liu Ji'an

Abstract： The quality of graduate education is crucial for China's building of the world's major scientific center and talent highland. The structure quality is a main component of the quality of graduate education； thus，it is an important task to improve the structure of graduate education in the new era. This article analyzes the structure of China's graduate education by discipline，type and level，and their matches with the nation's demands for scientific talents. In this way，it is expected to offer implications for improving the structure quality of China's graduate education.

Keywords： Talent highland； Quality of Graduate Education； Structure Quality； Discipline； Type； Level

人才培养

Talents Training

Cultivating College Students' Employment Value: Theory Construction and Suggested Countermeasures

大学生就业价值观培育的理论建构及对策建议①

|董世洪| |胡昌翠|

【摘　要】　青年的价值取向决定了未来整个社会的价值取向。世界正经历着百年未有之大变局,在内外部环境的冲击和影响下,大学生面临极大的就业压力。培育积极向上、科学良好的就业价值观,是帮助大学生转变就业观念,实现更高质量更加充分就业的逻辑起点。当前大学生就业价值观培育普遍存在目标、观念、思维等诸多困境,究其原因,还是个人价值实现与服务社会使命之间的张力。从意义建构理论出发,大学生就业价值观具有"遵循外部程式、十字路口徘徊、内部调适、自我主导"的形成发展规律。基于这样的认识,学校要积极发挥就业育人工作的重要作用,从全域覆盖、递进实施、多方联动等方面入手,建立健全就业育人体系,与社会各界一道,培育大学生具备"群己合一"的就业价值观。

【关键词】　大学生;就业价值观;意义建构;对策建议

一、问题的提出

世界正经历着百年未有之大变局,大学生生活在一个充满挑战、急剧变革的年代,社会经济转型发展给大学生就业带来了极大压力。2022届高校毕业生规模历史性地达到 1076 万人,相较上一年增长 167 万人。[1]面对高校毕业生就业的新形势与新挑战,全面掌握大学生就业价值观念培育的现

①作者简介:董世洪,浙江大学就业指导与服务中心主任,副教授,研究方向为思想政治教育。

　　胡昌翠,浙江大学学生职业发展培训中心助理研究员,博士,研究方向为职业生涯教育。

状及内在规律,是帮助大学生转变就业观念,促进自我价值实现和承担社会责任的重要课题。近年来,国家高度重视大学生就业工作,党的十九大报告提出"要坚持就业优先战略和积极就业政策,实现更高质量和更充分就业"的目标与要求。[2] 习近平总书记也指出,青年的价值取向决定了未来整个社会的价值取向。[3] 青年处在价值观形成和确立的时期,抓好这一时期进行价值观养成十分重要。[4] 高校思想政治教育要突出"最强价值引领",使大学生在个人价值与社会价值的统一中实现青春梦想。

当前,大学生就业价值观培育的研究越来越多,在研究对象上,学者主要聚焦职业院校学生就业价值观培育[5];在研究主题上,学界较为关注就业价值观培育的结果,缺乏对价值观培育过程要素的系统整合;在理论研究上,鲜有研究运用成熟理论,构建专门针对大学生就业价值观培育的理论分析框架,分析大学生就业价值观形成发展的内在规律和机理,并提出具有针对性的解决对策。从高校就业价值观教育的实践来看,现有研究普遍缺乏对国家、省(区市)就业育人文件精神的"在地化"实施和创新,程式化开展就业指导工作的现象较为突出。已有研究客观详细地论述了大学生就业价值观培育存在的问题,如择业目标不明确、个人主义占主导、缺乏家国情怀[6];岗位选择不理性、功利追求突出,大学生在职业选择中具有现实、功利、消极、从众等特征[7]。归结起来,择业困境的背后还是大学生无法很好地调和个人价值实现和社会服务责任之间的张力和矛盾。如何填补二者之间的鸿沟,是高校就业管理部门需要深入思考的问题。要做到有目的、有计划地引导大学生就业价值取向与社会主流价值观一致,高校须认真研究大学生就业价值观的形成过程和影响因素,

围绕关键因素展开教育活动。[8] 121 培育科学良好的就业价值观,对帮助大学生转变就业观念、实现更高质量和更充分就业具有重要意义。

那么,大学生就业价值观的形成和发展遵循何种规律?如何发挥学校就业育人的关键作用,帮助大学生树立"群己合一"的就业价值观?在全面把握大学生就业价值观培育现状的基础上,本研究借鉴意义建构理论,深入剖析大学生就业价值观形成发展的内在规律,并基于这一规律提出就业价值观培育的对策建议。

二、大学生就业价值观培育的理论建构

价值观不是天生形成的,是个体以社会实践为依托,在社会意识与个体意识、客体属性与主体需求中不断磨合、碰撞、妥协,并逐步提高自身需要的"合目的性""合规律性"的过程中形成的。[7] 就业价值观是指大学生在就业择业过程中,不断赋予就业选择过程意义,形成对就业岗位所持的价值立场和态度。在学校语境下,就业价值观培育旨在摸清大学生身心发展及价值观形成规律的基础上,积极发挥学校就业育人理念和实践的桥梁作用,帮助学生解决就业认知鸿沟,使学生树立科学合理的就业价值观,做到"小我"与"大我"的统一。从学生角度来看,在职业选择道路上要做到"自我主导",成为会选择、能选择、善选择的人;从育人主体来看,学校、社会、家庭等要协同发力,引导学生服务国家和经济社会发展的需要,凸显服务社会的自知自觉。

(一)就业价值观培育是"群"与"己"互动的过程

要解决大学生个人价值实现与服务社

会使命之间存在的矛盾和张力,理清个人价值与社会发展的关系,势必要对"社会服务"这一概念有清晰的认识。1897 年,严复将斯宾塞的《社会学研究》(*The Study of Sociology*)书名翻译为《群学肄言》。严复将"社会"称之为"群"。[9] 1903 年,严复在翻译约翰·穆勒的《论自由》(*On Liberty*)一书时,也将书名译作《群己权界论》。[10] 顾名思义,"群"者为群体、社会公域也;"己"者指的是自己和个人私域也。现代意义上的"社会"这个词出自日本,日本人将"Society"这个单词译为"社会",后"社会"一词取代了"群",应用逐步广泛。"服务"既可以是动词,也可以是名词,作动词时,《现代汉语词典》认为,为人们为了集体利益或某种事业而工作,如为人民服务,科学为生产服务。做名词时,可以理解为"某种事业",表明其社会属性,如为人服务、使人生活上得到方便的行业,如饮食业、旅馆业、理发业、修理生活日用品的行业等,有服务于公众和集体的意思。[11] 结合"社会"和"服务"的含义,可以看出,社会服务是个人"自然属性"和"社会属性"的有机统一体。要想实现个人价值最大化,为保证社会秩序稳定和社会和谐发展,个人要做出造福集体和他人的事业或活动。同理,大学生在树立就业价值观、选择职业发展道路时亦是如此,只有找到个人价值实现和社会服务的结合点,才能最大化实现个人价值。

从这个意义上说,学校开展就业育人工作,培育学生树立科学的就业价值观,本质上是引领大学生将"己"融入"群",具备服务社会各行各业的意识,从"自我中心""自我发展"等单一倾向中解放出来,形成"群己合一"的就业价值观。因此,从"群"与"己"的辩证关系出发,考察大学生就业价值观培育这一话题,实际是对高校"为谁培养人、培养什么人、如何培养人"这一核心问题的回应,出发点和落脚点还是高校"立德树人"功能的发挥,主要是考验大学里的"人"到底如何选择社会服务道路,是对大学"推向市场"的人所进行的发问。因此,引导大学生树立良好的就业价值观,初心依然是培育学术卓越、有责任担当、积极向善、为公共利益而生的人,在个人和社会之间,学校教育发挥的桥梁和引导作用至关重要。

(二)就业价值观的形成发展遵循意义建构规律

意义建构理论是以建构主义理论和传播学理论为基础,以认识论和本体论为核心的理论方法,涉及组织行为学、信息科学和人机交互三个学科。[12] 顾名思义,意义建构是人们对其经历赋予意义的过程,是认知过程和行为过程的有机结合;意义建构的情境是多种多样的,在不同的情境中个人角色与时空环境进行交互组合,从而产生不同的意义。期间,由于个人认知差异,会形成某些认知障碍或认知鸿沟[13],需要借助一定的桥梁和手段才能填平这一鸿沟,以实现个人认知过程和行为过程的有效联结。Dervin 提出了意义建构理论三要素模型,即认知情境(Situation)、认知鸿沟(Gap)和运用意义(Uses)。认知情境即意义建构的时空背景;认知鸿沟是个人需求和预期结果之间的有待解决的差值;运用意义则是个人建构新的意义并运用这一意义来解决问题。[13]

个人要顺利逾越认知鸿沟,需要一个中间力量。于是,Dervin 对原来的三要素模型进行升级,最终形成了意义建构的四要素模型(见图 1),即认知情境、认知鸿沟、嫁接桥梁(Gap-bridged)、运用意义,桥梁即代表解决问题的想法、答案和资源,以帮助个人解决某一情境下无法逾越的认知鸿沟。Kari 在 Dervin 的基础上进一步迭代后认为,意义建构四要素模型赋予每一个要素的权重是不同的,认知情境对于其他三个要素而言,占据较大权重,它贯穿了人的整个认知和行动过程,从而是意义建构发生在情境中。[14]

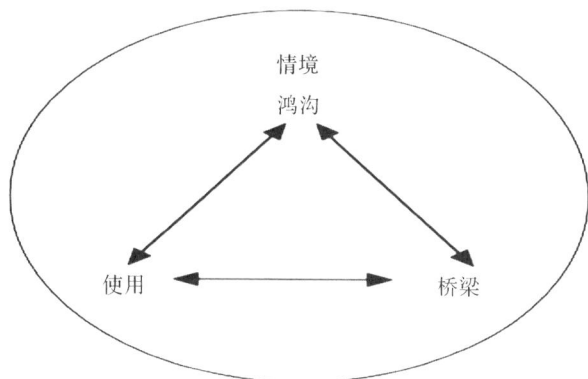

图 1　意义建构的四要素框架

在意义建构理论基础上,Baxter 提出了"自我主导"的概念,即:存在于个人内部,使个体具备生成价值观、身份认知和社会关系的内在能力,个人不依赖他人的声音和建议来进行意义建构。[15]基于"自我主导"的概念,Baxter 将青年价值观看作人在认识论维度、个人内在维度和人际维度所经历的意义建构过程,这一过程可分为三个阶段:遵循外部程式阶段、十字路口徘徊阶段和自我主导三个阶段[16],这三个阶段是序幕式演进的,在价值观形成过程中相伴相生、相互影响。有学者采用意义建构理论,构建了大学生成长的金字塔模型,金字塔顶端即是"学生发展",要求学生在思维方式上达成相对成熟的价值观,即在认识论维度、个人内在维度和人际维度要彻底走出"人云亦云"的思维定势,具备自主应对和协调外部环境影响的能力,从思维层面进行"蜕变"。[17]

在大学生就业价值观的形成发展语境下,以上三个阶段可以进一步描述为"我如何认知职业""我为谁而求职""我如何建构与他人及社会的关系"三个核心问题。[18]意义建构作为大学生赋予自身职业选择行为意义的过程,也可以理解为思维习惯(habits of mind)的培育,且"思维习惯的养成远比持有一个观点更持久",个体的意义建构水平决定个体应该选择相信什么、如何看待自身、他人及社会。[19]可以说,大学生就业价值观的形成是一个前后相继、依次转化的历时过程[8] 121,这与袁贵仁提出的价值观培育要经历认知、认同、内化和外化的过程是一致的[20] 132。因此,根据意义建构理论主要观点及价值观培育的一般方法,结合研究者长期以来所开展的就业教育实践,本文构建了大学生就业价值观培育的四阶段发展模型(见图 2),即大学生就业价值观具有"遵循外部程式—十字路口徘徊—内部调适—自我主导"的形成和发展规律。

49

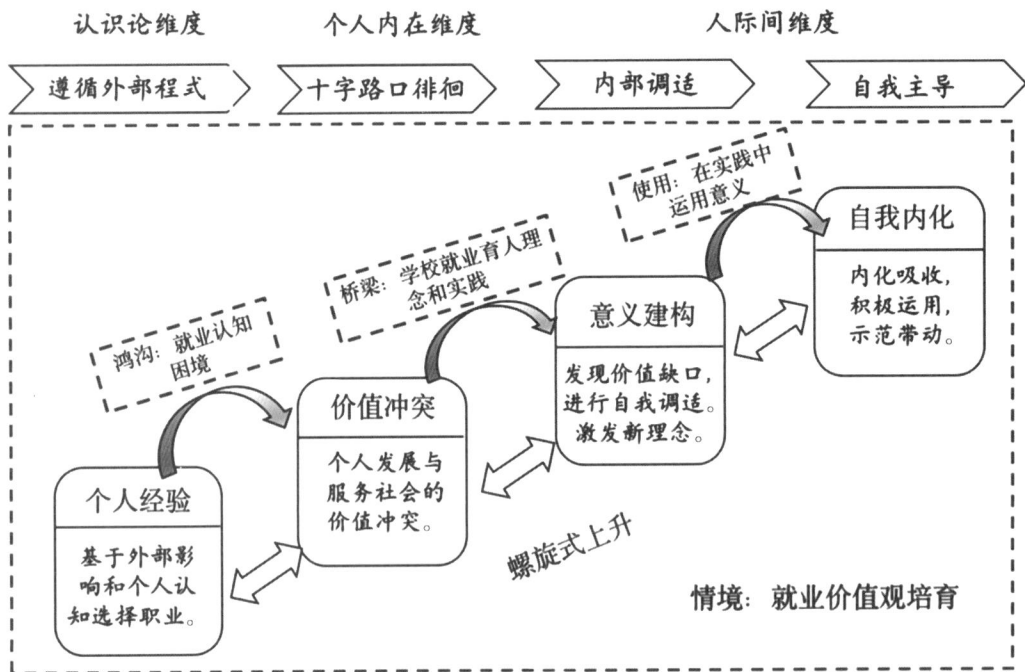

認識論維度　　　　　個人內在維度　　　　　人際間維度

遵循外部程式　　十字路口徘徊　　內部調適　　自我主導

使用：在實踐中運用意義

自我內化
內化吸收，積極運用，示範帶動。

橋梁：學校就業育人理念和實踐

意義建構
發現價值缺口，進行自我調適。激發新理念。

鴻溝：就業認知困境

價值衝突
個人發展與服務社會的價值衝突。

個人經驗
基於外部影響和個人認知選擇職業。

螺旋式上升

情境：就業價值觀培育

图 2　大学生就业价值观的形成发展规律

从图 2 可以看出,在认识论维度,学生处于"我如何认知职业"的朦胧阶段。这时期,囿于个体经验和认知局限,学生对职业的选择较为模糊,尚未建立就业的完整概念,但由于对社会标杆人物、道德领袖及卓越师长的耳濡目染,学生的择业意识慢慢觉醒并开始质疑外部权威,学习用多元化的眼光看待自身的职业选择;在个人内在维度,学生处于"我为谁而求职"的矛盾阶段,陷入了"利己"还是"利他"的价值冲突中,在个体经验和社会认知中摇摆不定。这时期,随着学校就业指导知识的输入及引导,学生逐渐从自我中心、遵循外部程式的思维定势中解放出来,初步形成个人对于职业选择的观点和方法;在人际维度,学生处于"我如何建构与他人及社会的关系"的自我调适和主导阶段。随着学校就业育人工作这一"桥梁"作用的充分发挥,学生逐步摆脱父母和外界的依赖,开始逾越矛盾心理,淡化以自我为中心的意识,在选择职业时不断调适自我发展与服务社会的矛盾,尝试运用在校习得的就业知识和技能与他人和社会建立和谐共生、相互依存的互动关系;这样的关系不断地运用和在就业实践中得到强化和发展,逐步内化为学生自我主导的就业价值观,并在大学生群体中辐射推广开来。教育可以改变人,但关键在于个人自己是否肯运用教育改变自己[21],就业价值观教育亦如此。学生正是在自我成长和承担社会责任的职业选择张力中,不断进行自我意义建构,形成"群己合一"的就业价值观,进而形成内心的声音,走向自我主导。

(三)就业价值观培育是多利益相关方协同育人的结果

价值观念是在个体内在需要的驱动及自我意识的引导下,经多方合力引导,在价值活动的基础上形成的。[20]132因此,除了要遵循大学生就业价值观形成和发展的内在规律,我们还需深入分析大学生就业价值观形成背后的支撑力量，即家庭、学校和社会三大教育主体在大学生就业价值观形成过程中所发挥的作用。只有把握住各利益相关方的作用及功能，才能形成合力，共同帮助大学生树立科学的就业价值观。从对在校大学生的就业选择、就业准备、就业现状认知、就业指导等方面来看，家庭、学校和社会等教育主体发挥了各自的重要作用。

家庭是影响学生就业意向的重要因素之一，尤其是家庭资本对学生毕业预期选择、就业难易判断、社会就业形势认知以及就业收入期望影响显著。家庭资本是家庭成员及整个家庭共同享有的资源和能力，包括家庭经济资本、家庭文化资本及家庭社会资本。[22]众所周知，中国家庭强调社会的优先地位，个人利益要服从于家庭利益和群体利益。[22]对于即将踏入社会的大学毕业生来说，其拥有的职业选择知识和对职业的认知很大程度上来源于家庭资本，尤其是父母所拥有的社会资本，且不同的家庭资本对学生职业选择的影响有显著差异，在其他条件相同的情况下，家庭资本对学生职业选择发挥的作用最大，是影响大学生就业取向和去向的首要因素[23]，这些都为大学生就业价值观的培育提供了依据。

学校教育是耦合个人价值和社会需要的重要桥梁。学校就业指导是大学生求职的关键影响因素。[24]当前，部分学校就业指导与服务工作不力是造成高校毕业生就业难的具体原因之一。[25]学校就业育人工作主要包括就业相关的课程设置、专业师资队伍配置、科研组织、活动开展等实践。当前，社会经济发展迅速，而学校教育结构调整相对滞后，与学生心理需求不对称的情况时时有之，不能快速适应经济社会发展和产业结构调整升级的需要，传统就业指导亟需转型升级。[26]因此，高校就业育人资源的整合、课程资源的开发、教师素养的提升、就业创新活动的组织等，对大学生就业价值观

发挥着重要作用。学校还承担着为在校生和毕业生储备优质就业教育资源的任务，引导社会各利益相关方积极为大学生就业提供机会和渠道。

社会是大学生就业价值观形成的重要底色。大学生作为新时代中国特色社会主义事业传承者与接班人，其就业价值观取向直接影响着社会发展的方向，须予以重视。政府、企事业单位等就业机构是维护大学生就业生态的重要力量，共同弘扬社会主义核心价值观，形成正确的就业舆论导向，社会各界发扬真抓实干之风，立足岗位建功，以只争朝夕、奋发有为的奋斗姿态，心怀"国之大者"，主动担当作为，为刚走出校门、迈入职场的大学生提供人生榜样。

三、大学生就业价值观培育的对策建议

研究者长期在高校从事就业指导和服务工作，积累了丰富的就业育人经验。在全面把握大学生就业价值观培育现状的基础上，结合大学生就业价值观形成和发展规律，积极吸收习近平总书记关于青年就业的伟大论述，提出大学生就业价值观培育的对策。

（一）全域覆盖、横向拓展，将就业价值观培育贯穿人才培养全过程

习近平总书记指出，当代中国青年要有所作为，就必须投身人民的伟大奋斗。[27]高校是大学生就业观培育的主阵地，应将就业育人理念贯穿招生、培养和就业全过程，要尽量避免"交付式、零散式、终端式"就业指导，要积极开展"全链条"就业育人实践，覆盖全校每一位学生，让每一个生命生动活泼地展开，将全员育人、全程育人、全方位育人的"三全育人"理念落到实处，形成"选育送"一条龙服务的就业育人体系。

把握方向，将主题教育与就业教育相融合。结合各高校办学特色，将习近平新时代

中国特色社会主义思想、社会主义核心价值观、中华优秀传统文化观念等主流价值观念转化为"校本方案"，并融入高校就业育人行动中，对大学生的就业价值观进行最强价值引导，培养学生具备群己合一、以大局为重的就业意识，把握就业教育课程内容的方向性与正确性；在过程中，学校要充分发挥就业典型案例及社会道德模范的示范带动作用，帮助大学生走出就业认知误区，克服就业认知困境，树立正确的就业理想，鼓励大学生学会将"小我"融入"大我"，为新时代中国特色社会主义事业建功立业，为理想信仰与崇高使命不断奋斗。

盘活资源，延展就业价值观培育的广度。高校要具备系统思维，将大学生就业价值观培育作为一个复杂系统，避免"就价值论价值"的做法，要盘活学校人才培养、科学研究和社会服务各环节资源，大幅度拓展就业育人的广度。浙江大学在就业育人过程中，提出"培养学生全面而卓越发展"的理念，积极盘活资源，整合原先散落在各部门的社会实践活动，将其与就业价值观培育紧密结合，在各学段高规格推进学生社会服务教育，将社会服务的理念贯穿在学生发展全过程；学校发起成立或积极参与联合国教科文组织中国创业教育联盟、中国高校众创空间联盟等组织，建成"乡村振兴""大健康"等10个校级就业战略指导平台，引导学生胸怀"国之大者"，主动解决社会问题。此外，浙江大学将专业教育与就业指导相融合，各专业、各学院积极发挥各自优势，打造形成专兼结合的就业育人课程体系，支持专业课教师投入大学生就业价值观培育，让就业教育贯穿大学生涯始终，培养学生成为能奋斗、肯奉献、爱祖国的拔尖创新人才。此外，我们根据不同院系、学科特点，定制不同的就业价值观培育路径，积极实施"求是强鹰实践成长计划"，邀请150余名企业负责人担任学生就业创业导师，以"体验基地＋专

项基金＋专业导师"的模式，强化学生职业代入感、参与感和获得感，将大学生就业价值观培育与社会实践和职业体验融为一体。

（二）递进实施、精准施策，开发丰富多元的就业价值观培育载体

习近平总书记指出，一种价值观要真正发挥作用，必须融入社会生活，让人们在实践中感知它、领悟它，要注意把我们所提倡的与人们日常生活联系起来，在落细、落小、落实上下功夫[28]，就业价值观培育亦如此。学校在全域覆盖的基础上，要根据大学生就业价值观形成规律来组织课程与教学、科研及活动，实现过程与结果的统一。

针对大学生就业价值观发展规律，有的放矢、精准施策。从外部影响来看，教育环境对个人价值观形成的重要性不言而喻，环境因素对个体产生外部刺激，从而引起个体解决问题的心理冲突，这种内在矛盾心理运动可以促使个体知、情、意、行等内在要素的不断转化，从而达到思想和行为的改变。[29]因此，学校教育环境对个体的熏陶和浸润作用不容忽视，大学生的就业价值观教育需要学校开展有组织、有目的、有步骤的就业育人行动。在职业选择上，绝大部分学生易于遵循外部程式获取就业信息、就业知识和技能，很少质疑那些长期以来支配他们"找工作"的外部权威导向。当求职道路上遇到新的挑战和困境时，大学生往往诉诸这些外部权威。而当学生发现父母、专家、同辈等意见互相冲突时，或发现"听别人意见不靠谱""别人的解释替代不了自己的理解"时，学生要么容易陷入迷茫和困惑，要么开始觉醒，重新寻找新的意义建构方式，走出遵循外部程式的发展阶段，进入"十字路口徘徊"阶段。这时候，为防止学生走偏，学校要抓住学生的就业价值观发展的空档期，加大就业育人课程和活动的供给力度。

纵向实施、梯度推进，拓展就业价值观

培育的深度。抓住大学生就业价值观培育的黄金期，即价值冲突期，精准供给。针对传统就业指导服务缺乏系统性、实效性和长远性等问题，要以"更加有远见的思维"指导大学生就业价值观发展。以帮助大学生走出求职认知误区、提升其职业素养和求职竞争力为目标，将就业育人实践与思政课程、综合素质拓展课程、社会实践活动相融合，构建融通识基础课程、专题拓展课程、创新创业类探究性学习课程于一体的就业育人课程体系，这些课程层层递进，赋予学生广阔的选择权。针对低年级学生，开设以职业生涯规划、求职意识、素质拓展、社会服务为主的就业基础课程，夯实学生的就业知识和技能，帮助学生克服就业认知局限，带领学生走出遵循外部程式选择职业的狭隘取向；针对高年级及毕业班学生，开设就业创业政策分析、就业创业体验、求职面试知识与技能等就业实务课程，为学生提供就业选择支架，不断强化学生的求职技巧和实战经验。同时，面向全校在创新方面有特长和潜质的学生，开设创新创业类探究性学习课程，系统激发学生的创新创业意识，缓解就业压力，将创新成果转化为社会价值，更好地为社会提供服务。在具体课程或活动的设计中，要根据就业价值观形成规律，形成层层递进的设计框架，如：采用何种策略提高学生职业选择的投入度和参与度？这次课程或活动旨在取得什么成果？这次课程或活动如何发展学生的职业选择思维，使学生成为独立思考职业的个体？第3个问题是引导学生在就业选择中走向自我主导的关键步骤，是就业价值观教育的重心所在，但也是大多数学校容易忽略的问题。在各级各类课程实施过程中，教师要不断创新教学模式，开设渗透力强、体验感好的就业课堂，改变传统就业指导中"你教我学"的范式，积极引入项目式、体验式学习等生动活泼的方式，为大学生就业价值观培育提供新思路与

新方法。这种层层递进的就业育人实践有利于全过程跟踪大学生就业价值观的形成和发展，也有利于克服大学生就业意识不强、慢就业、懒就业、劳动意识不强等价值观。

（三）多方联动、协同育人，筑牢就业价值观培育的支撑保障系统

帮助大学生树立正确的就业观是全社会共同的任务，需要多教育主体参与。习近平总书记指出，办好教育事业，家庭、学校、政府、社会都有责任。各利益相关方构成一个可以充分发挥各自教育功能的有机整体，共担大学生就业教育的时代重任。除学校开展的就业教育外，各方要做好以下工作。

学生要做到学思践悟，提升"自我主导"能力。大学生应不断提升自我剖析能力，运用批判性思维和慎独内省的方法，审视自身的就业观是否蕴含着拜金主义、功利主义、自由主义、实用主义的不良倾向，是否与国家人才发展需要、社会劳动市场需要、个人终身发展观念、时代主流价值导向形成合目的与合动力。大学生应不断提升自主学习能力。充分践行大学教育的"独立"与"自由"两大核心要义，在大学校园中不断汲取成长养分，主动参加与自身职业发展目标一致的社会实践活动、企业实习活动，在各类社会活动中提升自己的创新意识、团队意识与竞争意识，主动同专业课教师、就业指导课程教师进行沟通交流，完善职业生涯规划。

政府要多策齐下，完善大学生就业创业的支持体系，实现全国大学生就业创业信息的共享共通，搭建好用人单位与大学生之间的沟通桥梁。积极引导各政府部门、事业单位、国有企业、私营企业等社会单位为大学生提供就业实习和创新创业的机会，不断拓展大学生的就业渠道；同时，为吸纳大学生就业的企事业单位提供相应的政策与资金支持，提升大学生就业积极性。积极落实普惠金融政策，为大学生提供就业创业类补贴

与优惠贷款等经济支持,为大学生到基层就业予以更多的优惠条件。

社会力量要积极参与,共同营造大学生就业的良好生态。大学生就业观极易受到良莠不齐的社会舆论影响,难以做出正确的价值判断与价值选择。因此,社会舆论应当坚持正确的引导,各舆论信息的发布者、监管者应注重大学生就业信息言论的方向性和正确性,充分利用权威社会媒体和平台,积极弘扬社会主义核心价值观。社会各方要共同创造公平公正的就业氛围,摒弃性别偏见、专业偏见、地域偏见、学历偏见、学校偏见等多种歧视思想。鼓励大学生"先就业再择业",为大学生的职业发展提供更多的空间与可能性,积极促进人才流动。

家庭教育要主动参与,破除传统的"重知识,轻德性"的教育观念,以润物无声的方式引导着子女的就业观念、行为与品格。家长应充分认识到骄奢、溺爱与过度包容会对子女就业观的生成产生极大的负面影响,功利主义、实用主义、自由主义的思想灌输会直接影响大学生的就业价值观。大学生就业过程中的心理素质、对职业深层次的价值认同感、就业综合能力与素养、个人发展观念会受到家庭教育氛围的影响。家长应当严格要求自己,洁身自好,为子女树立好的榜样,鼓励子女通过更高质量和更加充分的就业实现人生价值。

参考文献

[1] 叶雨婷.2022届高校毕业生首破千万[N].中国青年报,2021-11-22(4).

[2] 习近平.决胜全面建成小康社会 夺取新时代中国特色社会主义伟大胜利:在中国共产党第十九次全国代表大会上的报告[J].前线,2017(11):17.

[3] 新华网.习近平:青年要自觉践行社会主义核心价值观——在北京大学师生座谈会上的讲话[EB/OL].(2014-05-05)[2022-05-10].http://www.xinhuanet.com//politics/2014-05/05/c_1110528066_2.htm.

[4] 汪晓东,王洲.让青春在奉献中焕发绚丽光彩:习近平总书记关于青年工作重要论述综述[N].人民日报,2021-05-04(1).

[5] 颜娟.就业价值观对高职学生择业取向的影响[J].教育与职业,2015(16):74,76.

[6] 高树文,邵欣霞.新时期大学生就业价值观念取向变化研究[J].教育与职业,2016(16):78.

[7] 姚冰,彭振芳.引导大学生树立科学就业价值观的路径[J].河北大学学报(哲学社会科学版),2016,41(6):36.

[8] 郭欣,王清亚.大学生就业价值观的生成机理与引导策略[J].思想政治教育研究,2021,37(2):120.

[9] 赫伯特·斯宾塞.群学肄言[M].严复,译.北京:北京时代华文书局,2014:1.

[10] 约翰·斯图亚特·穆勒.群己权界论[M].严复,译.北京:北京时代文化书局,2014:1.

[11] 中国社会科学院语言研究所.现代汉语词典[M].北京:商务印书馆,2005:419.

[12] 车晨,成颖,柯青.意义建构理论研究综述[J].情报科学,2016,34(6):155.

[13] DERVIN B. An Overview of Sense-Making Research: Concepts, Methods and Results to date[EB/OL].[2022-05-12]. https://faculty. washington. edu/wpratt/MEBI598/Methods/An%20Overview%20of%20Sense-Making%20Research%201983a. htm.

[14] KARI J. Making Sense of Sense-Making: From Metatheory to Substantive Theory in the Context of Paranormal Information Seeking [A]//Nordis-net Workshop Metatheoretical Stands in Studying Library and Information Institutions: Individual, Organizational and Societal Aspects. Oslo, Norway, 1998: 12,15.

[15] BAXTER MAGOLDA M B. Three Elements of Self-Authorship[J]. Journal of College Student Development,2008,49(4):269,284.

[16] BAXTER MAGOLDA M B. Authoring Your Life:Developing an Internal Voice to Meet Life Challenges[M]. Sterling,VA:Stylus,2001:37.

[17] 岑逾豪.大学生成长的金字塔模型:基于实证研究的本土学生发展理论[J].高等教育研究,2016,37(10):75.

[18] 张宇晴,岑逾豪.大学生自我主导发展水平及影响因素探究:以职业选择为场域[J].吉林省教育学院学报,2017,33(3):10.

[19] BAXTER MAGOLDA M B,KING M. Assessing Meaning Making and Self-Authorship:Theory,Research,and Application[M]. NewYork:Jossey-Bass,2012:4.

[20] 袁贵仁.价值观的理论与实践:价值观若干问题的思考[M].北京:北京师范大学出版社,2006.

[21] 杨叔子.实施素质教育让学生成为他自己[J].中国高教研究,2013(4):3.

[22] 张杨.家庭资本与研究生就业认知:基于"211"高校的实证研究[J].高教探索,2018(1):88.

[23] 穆娟,蔡杨.基于家庭背景视角下的大学生就业取向与去向对接问题研究[J].统计与管理,2014(5):56.

[24] 陈迎明.影响大学生就业因素研究十年回顾:2003—2013——基于 CNKI 核心期刊文献的分析[J].现代大学教育,2013(4):37.

[25] 邬强.地方高校大学毕业生就业难问题研究[J].教育探索,2010(6):145.

[26] 高耀,刘志民,方鹏.人力资本对高校学生初次就业质量的影响:基于 2010 年网络调查数据的实证研究[J].教育科学,2012,28(2):84.

[27] 习近平.习近平致全国青联十二届全委会和全国学联二十六大的贺信[J].中国共青团,2015(8):35.

[28] 李明.在传统节日文化中践行社会主义核心价值观[N].2020-01-23(6).

[29] 杜兰晓.论环境育人的内在机理[J].思想教育研究,2004(2):20.

Cultivating College Students' Employment Value: Theory Construction and Suggested Countermeasures

Dong Shihong,Hu Changcui

Abstract: The value orientation of youth determines the value orientation of the whole society in the future. The world is experiencing an unprecedented great challenge in a century. Under the internal and external impact,college students are facing great employment pressure. Cultivating a positive,rational employment value is a logical starting point to help change their employment concepts and achieve fuller,higher-quality employment. However,there are many difficulties in the cultivation of college students' employment value,such as employment goals,ideas and thinking mode,which is caused by the contradiction between the realization of personal value and the mission of serving the society. According to the theory of meaning-making,this paper makes a theoretical analysis of the formation law of college students' employment value,which follows the external paradigm,wandering at the crossroads,internal adjustment,and self-authoring. Therefore,it is proposed that the university should actively play the important role in its career education and construct a whole career education system by taking the strategies like full coverage,progressive implementation and interaction with different stakeholders,cultivating students' employment value of the unity of self and society.

Keywords: College Students;Employment Value;Meaning-making;Strategy

The Model of Smart Classroom Interactive Teaching Based on the PB Mode

基于 PB 模式的智慧课堂交互式教学模式研究①

|宓旭峰|　　|李　爽|　　|叶　灿|　　|成泽毅|

【摘　要】　随着现代信息技术的迅猛发展,智慧课堂在教育与信息的融合时代潮流中应运而生,逐步成为教学过程中不可或缺的重要组成部分,智慧课堂的广泛应用对教师的现代技术使用能力和教学能力都提出了更高的要求。本文结合强力教学法和BOPPPS教学模式的优势,提出了一种全新的PB教学模式,以期助力一线教师在智慧课堂的教学能力发展。研究结果显示,在PB教学模式执行过程中,互动式教学是关键,师生互动、生生互动以及与技术的互动作为一个不可分割的整体,对智慧课堂教育目标的实现发挥着重要作用,能够在很大程度上促进学生的智慧生成。智慧课堂交互式教学模式下的学生学习成绩存在性别和专业差异;与传统课堂相比,智慧课堂交互式教学模式对中等成绩学生学习成绩的提升、对学生学习动机的激发以及对学习积极性的调动等方面起着重要作用。因此,在智慧课堂交互式教学模式中,教师要关注学生学习的性别、专业差异,努力提高学生的学习动机以及端正其学习态度,从而使学生提高在线学习投入,提升其学习效果。笔者以"物理海洋基础"课程为例,进行对比分析,初步验证了该教学模式在课堂效果、学习体验和成效等方面的优势。

【关键词】　智慧课堂;强力教学法;BOPPPS模式;PB模式;互动式教学

　　近年来,高等教育在人工智能快速发展的影响和冲击下发生了重大变革,教育信息化技术正在悄然改变教育形态。大数据、物联网、云数据等信息技术与高校教育教学的

---

①作者简介:宓旭峰,浙江大学本科生院教学研究处教师教学发展办公室主任。

　　　　　李爽,浙江大学海洋学院副教授。

　　　　　叶灿,浙江大学海洋学院研究生。

　　　　　成泽毅,浙江大学海洋学院研究生。

不断融合使得课堂教学模式、学生学习过程以及课后学习反馈等形式均发生了前所未有的变化,传统的教学模式逐步向智慧化、信息化方向转变。智慧课堂为传统课堂的变革提供了一种新的思路,越来越成为引发学者广泛关注的教育热点问题。然而,由于传统的课堂模式根深蒂固,教师自主运用信息技术的意愿不强,教育技术与课堂教学的融合度不高。有关数据显示,真正熟练掌握并能够将信息技术自觉运用到课堂教学中的教师数量不足教师总量的10%,绝大多数教师依然选择传统的教学模式,对新技术的使用仅仅包括多媒体的简单操作。[1]但2020年突如其来的新型冠状病毒肺炎疫情极大改变了这一现状。教育部于2020年2月4日印发了《关于疫情防控期间做好普通高等学校在线教学组织与管理工作的指导意见》,做出了疫情期间高校全面实施线上教学的决定。[2]在教育部"停课不停教、停课不停学"思想的指导下,全国各高校纷纷响应国家应对疫情的号召,全方位采取线上教学模式,拉开了高校在线教学帷幕。据官方统计数据显示,截至5月8日,全国共1454所高校开展线上授课模式,103万教师参与在线教学,合计开出了107万门课程,共计开设了1226万门次在线课程;共计1775万人次的大学生参与在线学习,合计达到23亿人次。[3]

国内外诸多学者都对疫情期间的在线教学情况进行了调研。贾文军等通过对疫情期间大学生针对网课的评论进行文本分析发现,在线教学中学生的学习体验主要表现在课前存在学校支持不足、网络环境较差以及硬件设施不到位的情况,课中存在学生注意力分散、教学平台不统一等问题,课后问题主要在于作业任务重。大部分学生表示对于在线教学模式可以接受,但更期待能够回到校园上课。[4]万昆等通过对全国3148名学生调查发现,学生的在线学习满

意度偏低,感知教师支持的程度较高,学习准备程度一般;年级、每天学习时间以及所在区域等人口学因素是学生学习准备程度的重要影响因素,学习态度、学习动机、教师支持、计算机自我效能感、学生自控力能够对学生的学习满意度产生正向影响。[5]乔纳森等通过对新冠肺炎疫情期间美国的在线学习情况进行调研发现,通过使用视频软件(如腾讯会议、Zoom等)授课、利用在线平台发布作业等教学方式的改变使得教师对学生学习效果的评价成为在线教学面临的较大挑战。[6]

由此可以看出,国内外学者对于疫情期间在线教学的调查主要集中于学习平台的使用、学生学习满意度、学生在线学习体验以及师生遇到的挑战等,对于在线教学的课堂设计涉及较少。高校智慧课堂作为应对疫情的重要工具,对教师的线上教学能力提出了更高的要求,如何对线上课堂进行设计才能达到最好的教学效果,才能使学生有更多的学习收获成为了亟待解决的问题。基于此研究问题,本文将强力教学法(Powerful Pedagogy)和BOPPPS教学模式的优势相结合形成的PB模式应用于高校智慧课堂交互式教学设计,并进行了实践后提出了相关的建议,以期能够在一定程度上提高一线教师的线上授课能力,从而提高学生的学习成果,使学生在线上课堂中拥有与线下课堂同样甚至更多的收获。

一、智慧课堂的内涵及特征

(一)智慧课堂的内涵

"智慧"一词既有心理学层次上的含义,主要包括个人在语言或行动上能够迅速做出有利于自己的反应;能够充分将已有的知识、经验和见识等进行综合并由此产生思考以及行动能力;对智力、知识和创造力进行

合理应用以及对自我利益和外部利益进行调节从而达到自身利益与社会利益的平衡。[7]"智慧"一词还具有计算机技术"智能化"的含义,主要包括利用计算机技术使机器设备达到人类适应性水平;根据计算机操作过程中的事件演变对计算机的操作功能进行修正。基于此,有学者认为,"智慧课堂"是在智能化教学媒体和大数据技术的支持下,以促进师生以及生生间的全向互动为抓手,以"轻负高质、低耗高效"为直接目的,以促进学生智慧生成和发展为最终目标,能够使每位学生都获得最大收获的一种课堂形态。[8]钟绍春等人认为,智慧课堂是将现代信息技术融入课堂教学,从而打破旧有的固定教师、固定教室、固定教材等教学形态,构建将数字化、智能化、个性化融为一体的智能课堂教育教学新环境,努力促进学生智慧发展和能力培养的教育服务。[9]还有学者认为,智慧课堂是以建构主义为理论依据,利用移动互联网、大数据以及云计算等新一代信息技术建构的,实现课前、课中以及课后全过程信息化和智能化的高效课堂。[10]

总体来说,学者们对"智慧课堂"的定义主要从两种不同视角来进行诠释。一种是基于教育视角的,认为智慧课堂不是一种知识的简单传授,更为注重的是知识生成的过程,在这个过程中,教师极为注重以"智慧"为核心的学生综合素质的生成;另一种是基于技术"智能化"视角的,是指利用现代信息技术将传统的课堂环境打造成智能化、信息化,能够实现实时互动的、促进学生智慧生成的现代化课堂教学环境。这两种定义在本质上是有紧密联系的,无论哪种视角,其最终目的都是促进学生的智慧发展。基于此,本文将智慧课堂定义为在大数据和信息化教学媒体的支持下,打破旧有的固定教室、固定课本、固定教师等教学形态,实现教学决策数据化、评价反馈即时化、交流互动立体化、资源推送智能化、教学呈现可视化、科学实验数字化,从而创设有利于协作交流和意义建构的学习环境,促进学生智慧生成和发展,为每位学生带来最大获得感的课堂形态。

(二)智慧课堂的特征

在信息化时代,基于大数据、云计算、人工智能等新技术建构的新型课堂模式与传统的课堂模式有很大区别,由信息技术和教学相融合形成的智慧课堂主要有以下四个核心特征。

1. 实时互动

智慧课堂则是由学习者、学习目标、学习共同体、学习资源以及学习平台等要素构成。[11]智慧课堂主要借助多样的技术手段量化教师教学行为和学生的学习行为,能够帮助教师优化教学计划,显著增强学生的课堂参与度和积极性。同时,智慧课堂也强调学生在教学过程中的主体地位,强调教师与学生的全程互动,电子书包、平板电脑、电子白板、点阵笔等现代化教学设备为课堂上师生互动以及生生互动提供了平台支持,有利于实现人与人以及人与机器之间的多维全向互动,从而使智慧课堂充满生机与活力。

2. 数据把脉

智慧课堂能够利用大数据和人工智能技术对课堂数据进行即时分析,能够为教师了解学生学习情况以及进行教学内容调整提供数据方面的支持。教师可以利用智能终端和传感器同步记录学生的学习路径,追踪其学习过程,从而对学习者学习现状有全面了解和掌握,为教学提供依据,实现个性化教学和因材施教。此外,智慧课堂可以通过建构"云—台—端"结合的整体架构,构造智能化、数据化和网络化的交互学习环境,从而实现线上与线下的一体化、虚拟与现实的一体化以及课内与课外的一体化,最终推动教学模式的创新,促进学生的智慧发展。[12]

3.即时反馈

智慧课堂能够通过现代技术平台实现实时高效的互动交流以及师生间的即时反馈,从而使学生了解到自己的学习现状,对自己的学习状态进行调节。[13]与此同时,智慧课堂可以通过分析教学过程中的数据,掌握不同学习者的个性化需求,这个过程不仅能够为教师实时提供各种有价值的学生学习信息,同时能够帮助学生发现自己学习中出现的问题并及时进行干预,有利于优化教师教学内容与学生学习方法,还能够帮助学生进行深度学习,进一步加深对所学知识的了解和应用。

4.高质轻负

智慧课堂能够通过丰富的信息技术支持、高效的师生互动体验以及精准的学情分析等提高教师教学效率,使教师能够尽可能在短时间内高效高质地完成自己的教学任务。在智慧课堂教学过程中,教师在有限的时间内,既能保证学生在课堂教学中获得足够的信息量,又能捕捉到学生出现的个性问题以及整个班级所存在的共性问题,从而更好地帮助学生及时查漏补缺,针对学生特点布置作业,真正实现高效以及个性化教学。同时,智慧课堂的个性化教学特点也能够减轻学生的学习负担,使学生在短时间内提高学习效率,促进知识的吸收和智慧的增长。

二、智慧课堂设计——基于 PB 模式

随着现代信息技术在教育中的广泛应用,技术与教学之间的融合不断深入,引发了传统课堂教学模式的深刻转变,智慧课堂越来越成为教学的流行趋势,如何对智慧课堂进行设计才能达到较好的教学效果越来越成为亟待解决的问题。本文基于实践过程,结合 BOPPPS 模式和强力教学法提出了一个以教育学原理为依托且具有较强可操作性的智慧课堂教学新模式——PB 教学模式,以期助力一线教师教学设计。

强力教学法的教学设计来源于露丝·波洛维(Ruth Powley)所著的《强力教学法》。强力教学法有着深厚的理论根基,并不是某种"速成"类的教学方法。强力教学法提出了教师可成为拥有"强大"(powerful)教学法知识的专业人士并以持续的方式改进教学的主要观点。[13]此外,强力教学法主要对"例、讲、练、问、考、评"这六个字进行详细阐述,并将其概述为成功和有效的教学方法:示范有榜样、解释达理解、练习保流畅、提问作评估、测验呈长久、评价为改进。

露丝·波洛维指出,教学不仅仅包括教学过程。[14]教师与学生应建立牢固关系的课堂氛围,这需要努力,培养好奇心,鼓励冒险和奋斗,高效的课堂(和行为)管理,促进专注和努力。强力教学法提出的六个有效教学原则可以帮助教师实现上述要求。其中"示范有榜样"指学生应该"看到"他们将要苦思冥想的东西,而且这样的所见例子应该是优秀的。"解释达理解"指教师应该解释学生要努力思考的东西,以便他们理解。"练习保流畅"是指通过反复练习,让学生对所学内容"认真思考",直到他们的学习流利并转入长期记忆。这也是有效学习原则所提出的,学生学到的知识是他们努力思考过的知识。"提问作评估"指鉴于学习的无形性质,教师通过提问评估学生的学习质量。"测验呈长久"指定期对学生进行测试,让学生从他们的长时记忆中搜索知识。"评价为改进"指教师通过提供改善的反馈来指导学生(和他们自己)的学习过程。总之,有效的教学是实现有效学习的前提。

BOPPPS 模式是美国在高校教师教学技能培训过程中推出的一种全新的教育教学模式,在生物化学等领域的教学中得到

了广泛应用，并日渐影响到整个教学模式的改革。[15]BOPPPS 模式将整个课堂教学的全过程进行模式化分解，十分注重教师对教学过程的设计和把控。[16]该模式教学设计的基本原则就是将整个课堂的教学内容切分成几个小的单元，每个单元的时间差不多为 15 分钟。此外，每个单元又包括 6 个环节：B（bridge-in）导言、O（objective or outcome）目标或结果、P（pre-assessment）预测、P（participatory learning）参与式学习、P（post-assessment）后测、S（summary）总结。[17]这六个环节不是独立的环节，而是存在着"起承转合"的关系，是一个完整的系统的整体，形成了一个闭环。

本研究基于强力教学法和 BOPPPS 模式的优势，将强力教学法中对例、讲、练、问、考、评的教育理论基础的理解融合到 BOPPPS 六个步骤中，提出了一个具有理论基础以及实践导向的 PB 模式，该模式的要点如表 1 所示。

表 1　PB 教学模式设计要素

BOPPPS 要素	PP 理论	PB 要素
引入	有效学习四原则（对比）	对比引入（采用对比的方式引入，引发学生的思考）
目标	有效教学六原则（例）	所见即所学（对所教内容进行举例说明，使学生更容易理解）
前测	有效教学六原则（问）	首要教学原理（激活学生所学的旧知识，并及时给学生反馈）
参与	有效教学六原则（讲）	等效交互原理（进行交互式讲解，讲解要具体并且带有故事性）
后测	有效教学六原则（考）	及时与延时反馈、深度学习（对学生学习成果进行检测，促进学生的深度学习）
总结	有效教学六原则（评）	内化、深度学习（学生通过总结改善学习方法，教师通过总结改进教学方式）

强力教学法理论中有效学习的原则认为"所思即所学"，如果教师在教学过程中不能引起学生的思考，那么学习便不会产生。在 BOPPPS 教学模式中的引入环节，主要需要引起学生对授课内容的学习兴趣和思考，可以采用提出与教学内容相关的问题或进行相关故事讲述等引起学生的学习兴趣，通过案例对比等方式引发学生的思考。在 BOPPPS 教学模式中的目标环节，可加入有效教学六原则中的"示范有榜样"原则（例），教师在讲授课程目标的过程中举出的例子一定要简单、具体，让学生能够"看"到他们的目标。BOPPPS 教学模式中的前测部分容易被忽略，在前测环节中，可以采用"雨课堂"等智慧教学手段来进行，并根据有效教学六原则中的"提问作评估"（问）对学生的学习进行实时反馈，使学生能够对自己的学习方式方法等进行调整，从而有效跟进教师的教学进度。参与式学习是整个 BOPPPS 教学模式中最重要的部分，参与式学习就是让学生充分参与知识建构，能够使学生手脑并用，深度参与学习的整个过程，结合有效教学六原则中的"解释达理解"（讲）的部分，在这个阶段中的讲解要尽可能具体且具有一定的故事性。BOPPPS 教学模式中的后测是教学过程中最常用的部分，测试方法主

要包括作业、测验以及考试等,结合有效教学六原则中的"测验呈长久"(考),可以达到促进学生深度学习的目标。BOPPPS教学模式中的总结这个阶段,教师应对课堂教学内容进行总结、对学习要点进行整合并对下节课的内容进行预告,这个阶段教师可以通过讲授进行总结,也可以通过学生反馈等方式进行,结合有效学习六原则中的"评价为改进"(评),这一环节增加了教师总结的外延含义。学生总结是为思考,教师总结是为改进,教师和学生在这个过程中能够达到教学相长和共同进步的效果,能够促进教师教学发展,同时能够促进学生的智慧增长。

教学有法,但学无定法。教师在教学过程中,可以参考PB教学模式进行教学设计,但不应完全拘泥于此种模式。在进行教学设计时,教师可以将自身授课的课程特征与PB教学模式融合起来,灵活运用现代信息技术,通过师生交互、生生交互以及技术交互,努力达到课程效果的最优化,使学生在课堂中能真正体验到获得感与满足感。

三、智慧课堂实现的关键——交互式教学

交互式教学是智慧课堂实现的关键,也是PB教学模式的关键步骤。交互式教学是一个将教与学融合起来的教学过程。在这个过程,教师与学生以及学习资源进行交互并且相互影响,其核心是立体化的交互沟通能力。关于交互类型,不同的学者有不同的分类。捷威特(Jewitt)等人认为课堂中的白板使用交互可以分为技术交互(Technical Interactivity)、概念交互(Conceptual Interactivity)以及物理交互(Physical Interactivity)三个类别[18];鲍贤清将课堂交互分为人际交互、操作交互以及认知交互三种类型。其中,人际交互主要包括教师与学生、学生与学生之间的言语交流和非言语交流等交流形式,操作交互主要包括教师和学生对教学设备的操作,认知交互主要是知识建构和生成的过程。[19]本文将课堂互动分为师生交互、生生交互以及技能交互三个类型,具体阐述如下。

师生交互。智慧课堂的师生交互强调混合型学习理论的重要作用,即在充分利用教育技术的基础上,增强教师教学以及学生学习的目标导向性,提高教学效率,从而达到教学效果的最优化。在师生交互式教学过程中,教师传授知识的过程也是教学相长的过程,既能够对学生的学习过程进行引导,也是自身参与学习活动的过程。此外,智慧学习空间的建成对师生交互发挥着重要的促进作用,虚拟现实技术、大数据技术等现代信息技术能够帮助教师创设真实的问题情境,使学生有真实的问题场景体验。

生生交互。智慧课堂的生生交互十分强调合作学习的重要性,即通过现代信息技术促进学生与学生之间的协作。在生生交互式学习中,教师的作用在于引导学生进行小组间的合作,分组可以借助大数据智能分组或根据学生的学习特征等方式进行分组,分组的目的是促进生生之间的协作学习。在学生共同学习的过程中,可以拓宽他们的思路,增进彼此间的了解,在合作中探索真理,共同分享在学习中发现新知识的喜悦。

技术交互。智慧课堂中的技术交互主要是指人机交互,即教师和学生对现代智能技术的应用,既包括教师对多媒体、电子白板等信息技术设备的使用,也包括学生对雨课堂、钉钉、腾讯会议等电子学习平台的使用。在智慧课堂环境下,教师可以通过互动平台向学生发送随堂测试题,学生通过平台完成测试并发送答案。基于云服务和智能

终端的智慧课堂测评系统具有多元评价与分析的功能,能够及时处理学生的作业并及时给出反馈,同时能够对全体学生的课业表现进行分析并给出测评结果。

总之,在智慧课堂教学过程中,交互式教学是关键,师生交互、生生交互、技术交互是不可分割的一个整体,相互交融,相互促进,共同推动智慧课堂的建设与发展,提升学生的课堂满意度与获得感,促进学生知识的增长与智慧的生长,从而达成智慧课堂的教学目标,使学生能够从中获益。

四、智慧课堂交互式教学模式效果

本文选取浙江大学 2020 年秋学期本科生课程"物理海洋基础"为样本,课程确保平行教学班的四个统一标准,即教材、教学内容、考试试题以及阅卷方式的统一,另外,平时成绩所占比重也保持统一。在控制这些变量的基础上,对两个平行班实行不同的授课方式,其中平行 1 班学生 48 人,采用智慧课堂交互式模式教学。

课程设计采用 PB 模式。在 BOPPPS 教学模式基础上融入强力教学法理念。例如在导言部分,以问题"全球变暖导致冰川融化"这一结论引出学生思考,使用了强力教学法的对比策略。即反常识更能引起学生思考,结合所思即所学来开启导言章节的 B 部分。在目标部分利用脑图展示课程到章节的全貌并重点突出当堂课程的具体目标,通过跨学科抽象到具体的多重举例的方法达到"所见即所学"的 O 展示。在讲授部分(PPP),无论是前测、参与还是后测都融入多种教学原理,如首要教学原理、等效交互原理等进行"微课"设计。每节课(45 分钟)不超过 3 个知识点,每次课采用 2(讲授)+1(互动)设计充分通过互动课促进知识的迁移进而实现长时记忆,达到教学的目标。在总结部分采用如 1 分钟论文等形式

收集反馈,促进学生和教师的双重反思。避免专业知识反转效应的同时,即时调整间隔策略,使得学生的外部认知负荷降到最低,进而提高工作记忆空间,使得教学效果最大化。

平行 2 班学生 70 人,采用传统模式教学,期末课程结束后对两个平行班的考试成绩进行对比分析,从而得出智慧课堂交互式模式的具体教学效果。

该学期平行 1 班参与期末考试的有 47人,平行 2 班有 69 人,各有 1 人缺考。期末考试成绩(未包含平时成绩,占比 60%),成绩归一化显示如图 1 所示。从中可以看出,两个班级学生的平均成绩仅相差 2%,智慧课堂交互式教学模式在整体上并未体现出明显差异,这一点符合等效教学原理,表明不同的教学模式对学生的整体影响不大。但值得说明的是,针对不同分数段的结果显示智慧课堂交互式教学模式与传统课堂模式教学效果差异主要体现在 40~80 分的分数段。其中,分数段在 50~70 分的学生,智慧课堂交互式教学模式所占的比重要显著高于传统课堂学生所占比重;分数段在 40~50 分和 70~80 分的学生,传统课堂学生所占比重要显著高于智慧课堂交互式教学模式所占的比重。结果表明,智慧课堂交互式教学模式与传统课堂模式的差异对中等成绩的学生影响较为显著。

从分段比例上看(见图 2),平行 1 班学生的成绩分布更接近正态分布,平行 2 班学生的成绩分布较为均匀。如果假设高分数可以作为深度学习的评估标准之一,那么实验数据表明,智慧课堂交互式教学模式并未在学生的深度学习方面产生很大影响,其作用主要体现在调动学生学习的积极性方面。

实验结果还发现,尽管教学成绩在总体上能够体现教学等效原理,但在性别方面存在一定的差异。从图 3 可以看出,采用智慧课堂互动式教学模式班级的女生成绩最高。

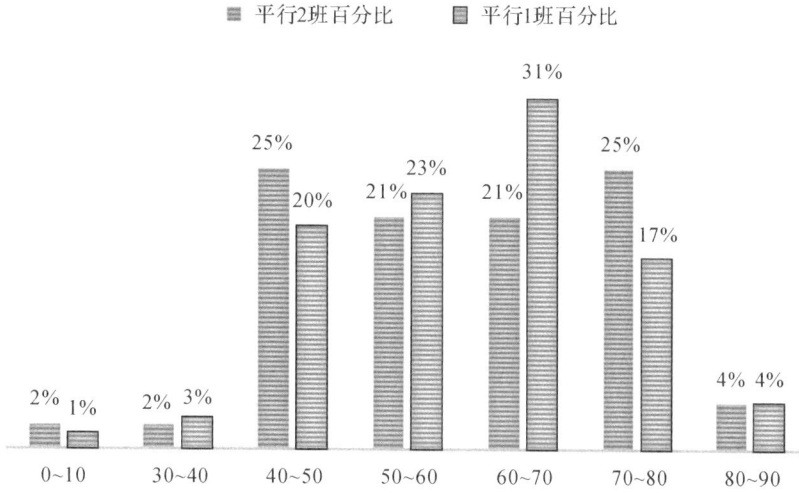

图 1　两个平行班期末考试成绩情况

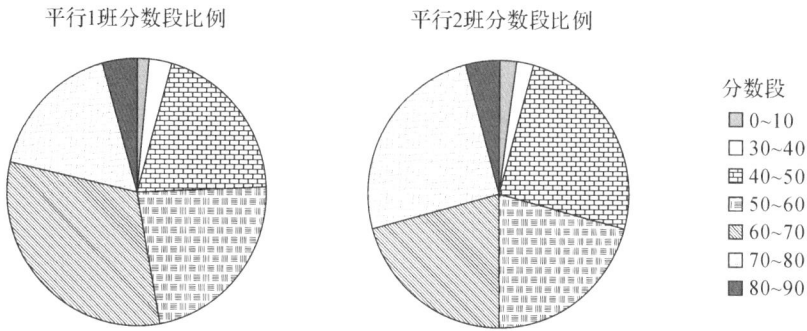

图 2　两个平行班分数段比例

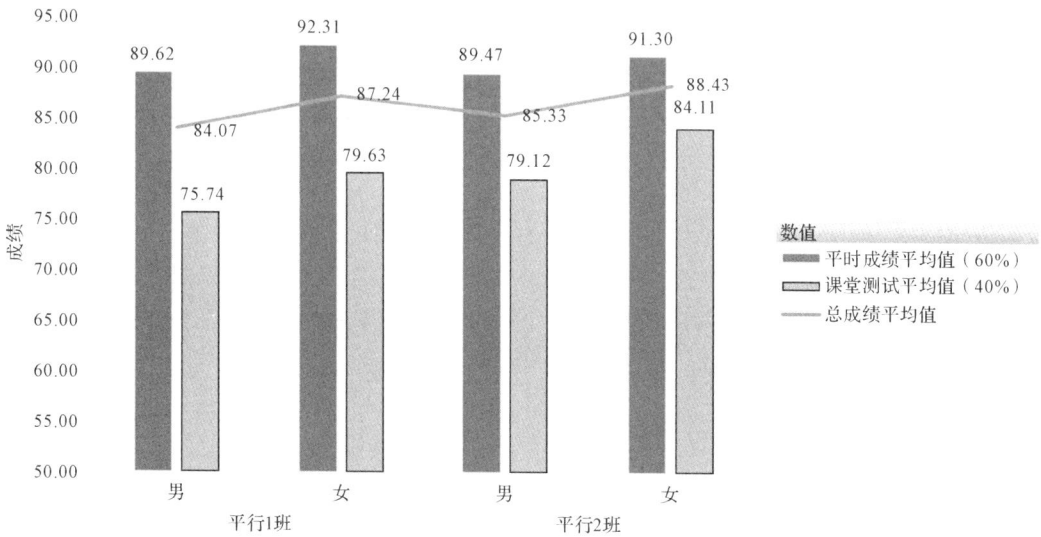

图 3　两个平行班教学效果性别差异

63

除性别差异外,不同专业学生的学习成绩也存在差异。由图4可以看出,不同专业的学生在平时成绩、期末成绩和总成绩之间都存在差异。由于本门课程属于适合零基础学术的入门专业课程,课程对学生原有相关知识水平要求不高,因此专业成绩存在差异的原因可能来源于学生的学习投入、学习态度等。学生个体因素对学生学习成绩产生的影响无法被排除在本研究之外。

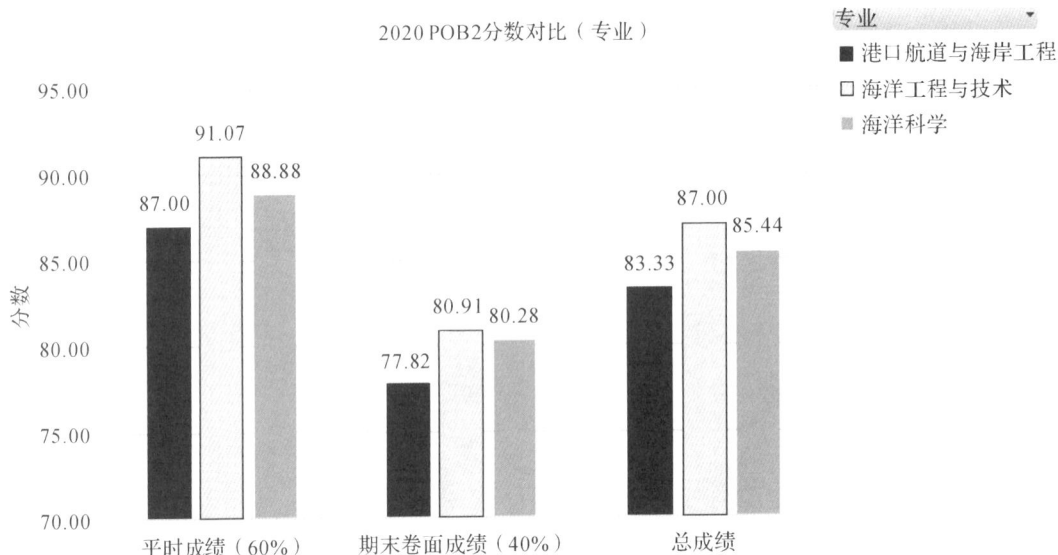

2020 POB2分数对比(专业)

专业 ▼
■ 港口航道与海岸工程
□ 海洋工程与技术
▨ 海洋科学

图 4　教学效果专业差异

此外,本研究还对修读本门课程的学生进行了访谈。结果显示,学生总体认为智慧课堂交互式教学模式取得了较好的成效,教师认真负责并且配合多媒体进行教学设计,学生在这门课中收获颇多。本文选取了部分学生的反馈结果,具体如下:

"我觉得这学期的'物理海洋学基础'课程丰富了许多,三分钟的故事会展示之外,同时多了与微信小程序的结合以及每周固定的自问自答'挖坑'环节和小组成员之间的相互讨论……我觉得微信小程序中的限时题目和即时结果分析能够直接让老师了解到同学们对知识的掌握程度,效果非常好。"(学生 A)

"老师上课的方式,比如借助雨课堂(听老师说是用了好多软件后感觉雨课堂不错)。对于视频展示环节,感觉仅一个视频达不到比较好的学习效果。如果能一个微视频搭配两个与视频有关的小问题,然后随机抽人回答,那么视频达到的效果应该会好一点,整个课堂的气氛也会相对好一点。"(学生 B)

"这门课真是太棒了,既结合现代科技发展,运用互联网教学(这是我理想中的未来教学方式),又展现出传统教学特有的魅力,深入浅出,引人入胜,上课轻松愉悦并且受益匪浅……"(学生 C)

"课堂教学和丰富的课堂内容使我受益匪浅,也增加了我对专业的进一步认识,我也被课堂模式和教学方式上的创新所打动,无论是智能化的互动模式还是充满创意的纪念品还是简单而不失生动的演示实验与动画。"(学生 D)

"第一次接触到这样的上课方式,很新奇,而且效率超高啊!课堂节奏掌握得很好,很能调动我们的积极性,和小组同伴们

讨论问题真的很开心……这样的课堂真的很有趣，效果也很好。"（学生 E）

五、结论与讨论

基于智慧课堂交互式教学模式效果分析，主要得出以下研究结论。

首先，与传统课堂相比，智慧课堂交互式教学模式对中等成绩学生的影响更大，本研究结果与王月等的研究结果（智慧课堂在一定程度上能够提高学生的学习成绩）存在部分一致性。[20] 可能的原因在于中等成绩的学生具有更高的灵活度，对外界环境具有更高的感知度，容易受到外界因素的影响。成绩较高的学生自控力以及学习能力都较强，因此不易受到外界因素的影响，在任何环境中都能够保证自己的学习效果。成绩较差的学生自身的学习动机以及学习态度可能不强，外界环境的改变也无法对其有促进作用。相比之下，中等成绩的学生具有较高的可塑性，当外界环境发生有利于自身发展的改变时，学习成绩会有一定程度提高。因此，当智慧课堂能够为中等成绩的学生提供个性化指导时，其学习成绩就有所提升。

其次，与传统课堂相比，智慧课堂交互式教学模式更能够调动学生学习的积极性，此研究结果与李艳等的研究结果（在线课程授课过程中学生的参与度一般）不太一致[21]，但与王月等、Lai 等的研究结果相一致，即智慧课堂能够激发学生之间的交流与互动，调动学生学习的积极性[22][23]。智慧课堂能够调动学生积极性的主要原因在于智慧课堂的一个核心特质在于尊重学生个性，能够为学生提供个性化的指导，从而激发学生内在的学习动机。在传统课堂中，教学是为了让学生能够掌握刻板的知识，教学方式不够灵活，教学内容较为单一，难以激发学生的学习兴趣。在智慧课堂交互式教学模式下，学生能够为学生学习提供不一样

的学习资源、学习平台以及学习方式，能够为学生提供学情分析并且满足学生差异化的学习需求，在很大程度上能够调动学生学习的内在动机与积极性，从而促进学生更好地掌握知识与技能。

再次，智慧课堂交互式教学模式下的学生学习成绩存在性别差异，智慧课堂中男生学习成绩的提高比例超过女生，但女生的学习成绩要显著高于男生。主要原因可能在于不同性别学生的学习兴趣以及学习投入等方面都存在差异。在学习兴趣方面，男生比女生更加倾向于使用智慧学习平台进行学习，男生对电子的设备的感知程度也要高于女生[23]，因此在智慧课堂学习中，男生的学习成绩提高比例偏高。在学习投入方面，女生相比男生，受学习以外的因素影响较小，也更愿意为学习课程付出时间和精力，学习投入度更高，因此女生的学习成绩在一定程度上高于男生。

最后，研究还发现智慧课堂交互式教学模式下学生的学习成绩也存在专业差异。由于本门课程为不需要专业背景的入门课程，学生原有的专业基础影响不大，因此可能原因在于学生的学习动机、学习投入以及学习态度等个体因素影响。当学生的学习动机较强、学习态度端正时，学生能够将更多的时间和精力用于课程学习，其学习成绩在一定程度上能够提高。但当学生的学习动机较弱、学习态度不端正时，学生的学习投入会显著降低，这对其学习成绩会造成负面影响。例如海洋工程类学生更注重动手能力，对于纯理论的知识，如果不能融入真实实践，学习的动机会明显降低。而海洋科学类的学生，若对专业需求较强（特别是专业必修课）时，学习动机会明显增强。[24] 因此，在教学过程中要注重激发学生的学习动机，端正学生的学习态度，从而提高学生的学习投入，进而提高其学习成绩。此外，从学生评价来看，智慧课堂交互式教学取得了

较好的成效。

　　教育的过程也是追求智慧发展的过程，智慧课堂作为推动教学发展的关键抓手，在教育教学过程发挥着不可替代的重要作用。智慧课堂对教师教学能力、对教育技术的掌握与应用能力等提出了更高的要求，也对教学过程改革提出了智能化的要求。在此背景下，本研究将露丝·波洛维在《强力教学法》中提出的例、讲、练、问、考、评教育基础理论融合到 BOPPPS 教学模式六个步骤中，从而提出了具有可操作性的 PB 模式教学法，以促进教师教学能力的发展，助力智慧课堂一线教师教学工作的顺利完成。PB模式在智慧课堂中能够实现的关键在于互动式教学。基于现代信息技术的师生互动、生生互动以及技术互动能够促进课堂教学的智能化，提高教学效率，从而更有效地促进学生智慧的生成与发展，使学生在课堂中有更多的收益，对智慧课堂有更好的体验感。本文研究结果显示，智慧课堂交互式教学模式对学生的整体成绩没有显著影响，但在对学生学习动机的激发以及学习积极性的调动等方面起着重要作用。此外，学生对课程的总体评价也较高，学生在课堂上获得感较高，智慧课堂交互式教学模式取得了较好的效果。

　　基于本研究的结论，对智慧课堂交互式教学设计提出如下建议：首先，在智慧课堂教学过程中应多加关注中等成绩学生。本研究发现智慧课堂交互式教学方式对中等成绩的学生有较大影响，因此教师应该更加关注可塑性较大的中等成绩学生，但同时也要兼顾成绩优秀学生的发展以及成绩较差学生的进步，即关注学生的个体特征，根据学生的不同特征采取不同的教学模式；其次，要充分发挥智慧课堂的优势，努力调动学生学习的积极性。在这个过程中，要采用灵活的教学方式，重视给予学生个性化的指导，激发学生的学习兴趣与内在的学习动机，同时要为学生提供合适的学习资源，满足学生的个性化学习需求；再次，教师也要关注不同性别学生的学习差异。本研究表明，智慧课堂中男生学习成绩的提高比例超过女生，但女生的学习成绩要显著高于男生。因此，教师在智慧课堂教学过程中要用更多时间指导女生对于电子设备的使用以及增加其对电子学习的敏感度，同时也要注意对男生的引导，提升其在智慧课堂上的学习投入度；最后，本研究还发现智慧课堂交互式教学模式下学生的学习成绩也存在专业差异，可能是由于学生的学习动机、学习投入以及学习态度等因素的影响。因此，教师在教学过程中不仅要关注不同专业学生的学习差异，而且要注重激发学生的学习动机，端正其学习态度，从而不断提高学生的学习投入度以及其在智慧课堂中的学习获得感。

　　目前，我国智慧课堂建设虽然取得了一些成就，但依然存在一些现实问题：怎样结合学科特点，优化教学形式与方法，形成具有各自学科特色的智慧课堂模式；如何对学生的学习行为、学习评价等数据进行深入分析，从而为学生制定个性化的学习方案，促进学生的个性化发展；如何保证学生使用电子学习平台时，不被学习平台外错综复杂的信息所诱惑，将精力集中于学习中；如何对学生的情感、态度以及价值观等进行科学的评价，从而形成全面、科学的智慧课堂评价体系，完善对学生的整体评价；等等。这些问题都是智慧课堂发展过程中不可回避的问题，在未来发展过程中应进一步深化研究。

参考文献

[1] 刘振天.一次成功的冲浪:应急性在线教学启思[J].中国高教研究,2020(4):8.

[2] 中华人民共和国教育部.关于疫情防控期间做好普通高等学校在线教学组织与管理工作的指导意见[EB/OL].(2020-02-05)[2022-06-06].http://www.moe.gov.cn/jyb_xwfb/xw_zt/moe_357/jyzt_2020n/2020_zt03/zydt/zydt_jyb/202002/t20200205_418131.html.

[3] 教育部高等教育司.高校在线教育有关情况和下一步工作考虑[EB/OL].(2020-05-14)[2022-05-21].http://www.moe.gov.cn/fbh/live/2020/51987/sfcl/202005/t20200514_454117.html.

[4] 贾文军,郭玉婷,赵泽宁.大学生在线学习体验的聚类分析研究[J].中国高教研究,2020(4):25-27.

[5] 万昆,郑旭东,任友群.规模化在线学习准备好了吗?——后疫情时期的在线学习与智能技术应用思考[J].远程教育杂志,2020,38(3):105.

[6] JOHNSON N,VELETSIANOS G,SEAMAN J.U.S.Faculty and Administrators' Experiences and Approaches in the Early Weeks of the Covid-19 Pandemic[J].Online Learning,2020,24(2):16.

[7] 刘晓琳,黄荣怀.从知识走向智慧:真实学习视域中的智慧教育[J].中国电化教育,2016(3):15.

[8] 晋欣泉,田雪松,杨现民,等.大数据支持下的智慧课堂构建与课例分析[J].现代教育技术,2018,28(6):39.

[9] 钟绍春,唐烨伟,王春晖.智慧教育的关键问题思考及建议[J].中国电化教育,2018(1):106-108.

[10] 刘邦奇."互联网+"时代智慧课堂教学设计与实施策略研究[J].中国电化教育,2016(10):52.

[11] 王兴宇.活动理论视角下的智慧课堂教学模式研究[J].中国电化教育,2020(4):119.

[12] 刘邦奇,李新义,袁婷婷,等.基于智慧课堂的学科教学模式创新与应用研究[J].电化教育研究,2019,40(4):87.

[13] 卞金金,徐福荫.基于智慧课堂的学习模式设计与效果研究[J].中国电化教育,2016(2):65-66.

[14] POWLEY R.Powerful Pedagogy:Teach Better Quicker[M].New York:Routledge,2018.

[15] 谢微,段振华,朱东建.BOPPPS+PBL教学模式在食品检测课程中的应用探究[J].食品工业,2019,40(8):247.

[16] PATTISON P,RUSSELL D.Instructional Skills Workshop Handbook[M].Vancouver:UBC Centre for Teaching and Academic Growth,2006.

[17] LUO Y,FU S J,LI T.A Discussion on Classroom Teaching Reform from the Perspective of BOPPPS Mode[J].Computer Education,2015(6):16-18.

[18] JEWITT C,MOSS G,CARDINI A.Pace,Interactivity and Multimodality in Teachers' Design of Texts for Interactive Whiteboards in the Secondary School Classroom[J].Learning,Media and Technology,2007,32(3):312.

[19] 鲍贤清.交互式电子白板的教学策略设计探索[J].中国电化教育,2009(5):85.

[20] 王月,张海,王以宁,等.初中智慧课堂的构建及其有效性研究:以地理学科为例[J].中国电化教育,2020(9):63.

[21] 李艳,陈新亚,陈逸煊,等.疫情期间大学生在线学习调查与启示:以浙江大学竺可桢学院为例[J].开放教育研究,2020,26(5):66.

[22] LAI C H,LIN H W,LIN R M,et al.Effect of Peer Interaction among Online Learning Community on Learning Engagement and Achievement[J].International Journal of Distance Education Technologies,2019,17(1):66,72-73.

[23] WU J H,TENNYSON R D,HSIA T L.A Study of Student Satisfaction in a Blended E-learning System Environment[J].Computers & Education,2010,55(1):163.

[24] 嵇艳,汪雅霜.学习动机对大学生学习投入的影响:人际互动的中介效应[J].高教探索,2016(12):26-27.

The Model of Smart Classroom Interactive Teaching Based on the PB Mode

Mi Xufeng,Li Shuang,Ye Can,Cheng Zeyi

Abstract: With the rapid development of modern information technology,smart classrooms have emerged in the fusion of education and information,as an indispensable important component in the teaching process. Higher requirements are put forward for teachers to use modern technology and pedagogy with a wide application of smart classrooms. Through a combination of Powerful pedagogy and the advantage of BOPPPS teaching mode,this paper proposes a new teaching mode named PB to boost the development of first-line teachers' classroom teaching ability. During the implementation of PB model,interactive teaching is the key process. Teacher-student interaction,student-student interaction and interaction with technology play an important role in the realization of the goal of smart classroom education,which can promote the generation of students' wisdom to a great extent. This study found that the students' learning achievements show difference in smart classrooms between genders and programs. In addition,compared with traditional classrooms,the smart classrooms are important in improving the academic performance of middle-grade students and the students' learning motivation. Therefore,in the smart classrooms,teachers should focus on the difference of students' majors and gender and try their best to improve the students' learning motivation and correct their learning attitude,so as to improve their online learning engagement and promote their learning effect. A specific case is provided here.

Keywords: Smart Classroom;Powerful Pedagogy;BOPPPS Mode;PB Mode;Interactive Teaching

人才培养

Talents Training

Exploration and Practice of Top Engineering Talent Training Mode in Electronic Science and Technology from the Perspective of Emerging Engineering Education

新工科视域下电子科学与技术工程拔尖人才培养模式的探索与实践①

|武　剑|　|罗文博|　|曾慧中|　|彭　斌|　|张万里|

【摘　要】　开展新工科视域下"电子科学与技术"工程拔尖人才培养已经成为我国解决"卡脖子"问题的重要途径之一。电子科技大学电子科学与工程学院面向国家重大需求,注重人才的工程实践能力培养,以实际需求为牵引,依托国家重点实验室科研大团队的"传感器芯片"国家重点项目,将工程应用环节的"目标点"对应知识结构的"知识点",建立核心课程矩阵;选取具体应用,结合实际场景,设置逐级挑战任务,最

---

①本文系四川省 2021—2023 年高等教育人才培养质量和教学改革项目(重点项目)"'学用融合、实践育人'先进集成电路创新人才培养体系的探索与实践"(JG 2021—200),四川省教育厅、高校思想政治工作队伍培训研修中心(西南交通大学)思想政治教育研究课题(高校辅导员专项)(CJSFZ 21—41),四川省 2021—2023 年高等教育人才培养质量和教学改革项目(一般项目)"'电子科学与技术'学科引领型人才'三圈层、三提升'培养模式研究"(JG 2021—164)的成果。

作者简介: 武剑,电子科技大学电子科学与工程学院学生管理办公室主任,讲师。
　　　　　罗文博(通信作者),电子科技大学电子科学与工程学院"栋梁计划"责任教师,教授。
　　　　　曾慧中,电子科技大学电子科学与工程学院副教授。
　　　　　彭斌,电子科技大学电子科学与工程学院教授。
　　　　　张万里,电子科技大学电子科学与工程学院常务副院长,示范性微电子学院院长,电子薄膜与集成器件国家重点实验室副主任(兼),教授,博士生导师。

终形成"唤起好奇、激发潜能、全程贯通"的模式,以期进一步提升电子科学与技术工程拔尖人才培养质量,为相关专业工程拔尖人才培养的改革提供借鉴与参考。

【关键词】 新工科;电子科学与技术;工程拔尖人才培养

一、引言

新一轮的科技革命和产业变革正在促发全球创新版图重构,全球高等工程教育改革正在蓬勃开展。美国的富兰克林·欧林工程学院以年轻、小规模、基于项目合作的课程著称,坚持"基于实验、注重实践、保持改变、聆听学生"的原则,正在重新定义"工程"和"工程教育"。荷兰的代尔夫特理工大学的工程教育通过设立工程、科学和设计相融合的课程体系,营造主动性和实践型文化,采用混合与在线学习的方法,培养了一大批具有扎实的学科知识的优秀学生。而作为被誉为"世界理工大学之最"的麻省理工学院,于 1969 年就启动了"本科生研究机会项目"(Undergraduate Research Opportunities Program),这被认为是最成功的促进本科生科研训练的计划之一。

为了支撑科教兴国、人才强国、创新驱动发展等国家战略,2017 年以来我国教育部积极推进新工科建设,先后组织了多次新工科研讨会,形成了"复旦共识"[1]、"天大行动"[2]、"北京指南"[3]等文件,逐步解决认识问题、方法论问题、政策支持问题、理念再深化问题,体现了工程教育"中国经验""中国模式"的探索实践:培养能够适应、甚至引领未来工程需求的人才。[4]因为我国政府战略性的推动,高等工程教育发展迅猛,我国的高等工程教育正在逐步走向世界舞台的中央。但也正因为国际竞争愈发激烈,科技发展愈发快速,我国的高等工程教育需要不断的改革与创新。

二、电子科学与技术学科工程拔尖人才培养

中美科技竞争愈发激烈,竞争与发展已经成为新常态。科技领域特别是芯片技术的研发与制造,已经成为中美科技竞争的关键核心领域,外媒甚至使用"芯片战争"和"数字霸权之战"来形容中美在芯片领域的比拼。"中兴事件""华为事件"充分暴露了我国在芯片领域依然被美国"卡脖子"的问题。做好人才储备,解决国家、产业与科技的重大需求问题,突破核心关键技术,构筑先发优势,实现从"跟跑""并跑"向"领跑"的跨越,已经成为我国高等教育的重要任务之一。[5]2021 年 4 月,习近平总书记在清华大学考察时强调"瞄准科技前沿和关键领域,推进新工科、新医科、新农科、新文科建设,加快培养紧缺人才"[6]。高校的根本任务是立德树人,培养能够解决"卡脖子"问题的工程拔尖人才,这已经成为高校新工科建设的新时代命题。

电子科学与技术作为国家一级学科,"芯片"又是电子科学与技术专业教学涉及的重要内容,培养大量具有家国情怀、全球素养、扎实基础、知识综合与集成创新能力的电子科学与技术学科工程拔尖人才,是缓解我国集成电路产业"卡脖子"问题的有效途径之一。[7]在新工科建设的背景下,课程体系是人才培养的主要载体,是专业培养方案的核心内容,关系到人才培养目标的实现和专业培养标准的落实。[8]

目前电子科学与技术专业的课程体系建设并不能跟上科技的快速发展,主要存在以下问题。首先,核心课程体系建设较为传

统,针对性不足。电子科学与技术作为一级学科,下设电磁场与微波技术、电路与系统、物理电子学、微电子学与固体电子学等研究方向,设计广播、雷达、电路、微电子、信息材料、图像等技术,目前的核心课程体系较为传统,既不能做到"广而全",更不能做到"少而精",无法兼顾各研究方向间的交叉融合,更不能打破学科间的壁垒,核心课程知识较高速发展的科学技术也存在滞后性,很难满足产业、行业的发展需求。其次,实践教学形式单一,亟待创新。传统的电子科学与技术专业的实践教学,主要针对某一门课程,以机械重复式的搭建电子电路、制作元器件、编写代码为主,各门课程间的关联性不强。同时对于追求知识、技术进阶的同学而言,始终"喂不饱"。最后,实践平台建设落后。科技和产业正在以日新月异的速度发展,关键技术难题亟待解决。但目前的实践平台绝大部分是针对单个方向的训练,目标性强但综合性差。瞄准解决关键技术难题,需要融合不同学科的知识,需要建设信息化的一体化实践平台,以匹配工程拔尖人才培养的需求。

因此,发挥新工科建设的优势,用好学科交叉融合的"催化剂",打破学科专业壁垒,构建全过程贯通的课程体系已成为电子科学与技术学科工程拔尖人才培养的重中之重。

三、基于传感器芯片的工程拔尖人才培养的设计与实践

作为电子科学与技术 A＋学科的建设学院,电子科技大学电子科学与工程学院启动了"科研育人—栋梁计划",面向延续摩尔定律中新材料、新效应、新器件层出不穷的科技发展趋势,面向射频模块、无源元件、功率器件、传感器、芯片等进行高度集成的电子信息产业发展新需求,依托国家重点实验室科研大团队优势,借助国家重大重点科研项目成果,设计基于"传感器芯片"涉及材料、器件、电路、微电子、系统集成全链条的挑战性项目,全面提升电子科学与技术专业学生的工程实践能力。

电子科学与工程学院基于从新生项目课开始,四年贯通综合施策,唤起学生好奇心与研究精神,催化学习与创造内驱力,"唤起好奇、激发潜能"为核心的新工科教育"成电方案"[9],设计出着眼未来新技术与产业发展,以传感器芯片为载体的工程拔尖人才培养模式。从国家重点实验室科研大团队牵头承担的国家重点研发计划等科研项目中抽取基础科学和典型技术问题,结合应用场景开发出趣味性强、展示度高的挑战性项目,按照"唤起好奇、激发潜能、全程贯通"的指导思想开展挑战性课堂教学和项目研究(见图1)。

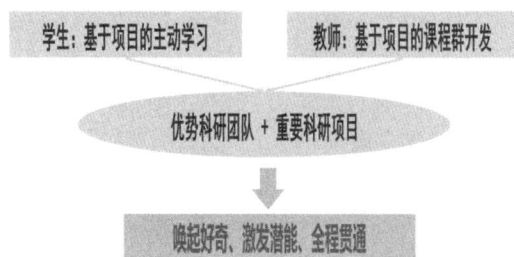

图 1　总体思路

将科研团队高水平科研成果优势转化为育人资源，以"因材施教、营造氛围"为着力点，唤起本科生对电子科学与技术及应用的好奇心，通过核心课程和挑战性课程，激发学生科研潜能，培养系统思维和创新能力，通过团队协作和学术交流，培养组织协调能力，提升格局视野，实现知识学习与高水平科研实践的融合，达到科研成果驱动育人成效的作用。

1. 基于重点项目的核心课程矩阵

选取国家重点实验室科研大团队承担的国家重点研发计划"战略性先进电子材料"专项项目"高性能无源敏感薄膜材料 Si 基异质异构集成方法及传感器芯片研发"项目成果作为蓝本，从中抽取基础科学和典型技术问题，聚焦传感器芯片加工方法研究、射频传感器芯片研究、红外气体传感器芯片研究三个主要方向，进而抓取"磁性传感器""射频传感器""红外气体传感器"三个符合教学的关键挑战性任务，利用重大科研项目成果、国家重点实验室平台为工程拔尖人才的培养提供教学内容来源、芯片硬件和应用场景支持（见图2）。

图 2　基于重点项目的场景教学

以项目成果为导向，将基于传感器芯片的科研项目中实际工程应用环节全过程的"目标点"按照逻辑顺序逐一梳理，对应出电子科学与技术学科知识结构中的"知识点"，将"知识点"对应出核心课程，建立核心课程矩阵（见图3）。

如"真实世界中的物理量"需要"传感信号转换的基本原理"的"知识点"，对应的核心课程就是"固体电子学基础""微电子器件基础"等，"传感信号的模数转化"的"知识点"对应的核心课程是"电路分析与电子线路""数字逻辑设计与应用"等，"传感信号的传输与显示"的"知识点"对应的核心课程是"物联网传感技术"，"传感微系统的集成方法"的"知识点"对应的核心课程是"微电子工艺""微系统集成技术"等。

以工程应用为目标，核心课程矩阵涵盖"电子科学与技术"学科所需的核心知识能力，注重知识应用。同时，"核心课程—知识结构—工程应用"相互嵌套、相互促进、相互更新，形成了芯片设计、制造与系统应用的完整知识结构，实现了教学内容全链条式的贯通。

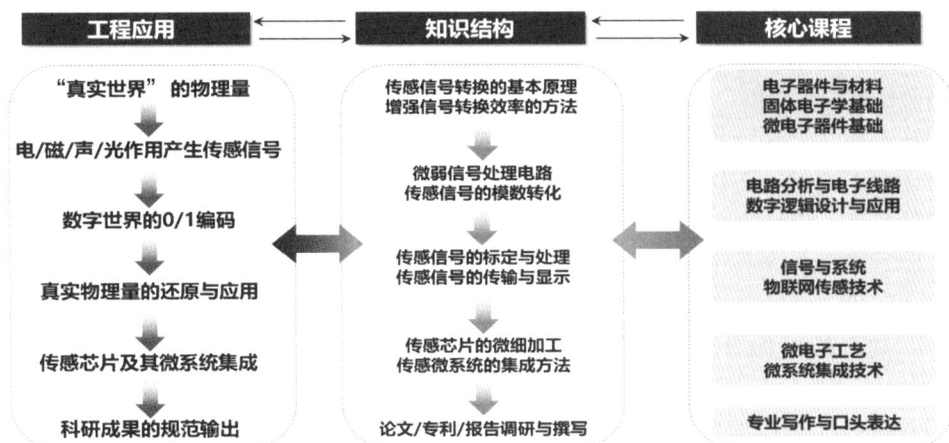

工程应用	知识结构	核心课程
"真实世界"的物理量	传感信号转换的基本原理 增强信号转换效率的方法	电子器件与材料 固体电子学基础 微电子器件基础
电/磁/声/光作用产生传感信号	微弱信号处理电路 传感信号的模数转化	电路分析与电子线路 数字逻辑设计与应用
数字世界的0/1编码		
真实物理量的还原与应用	传感信号的标定与处理 传感信号的传输与显示	信号与系统 物联网传感技术
传感芯片及其微系统集成	传感芯片的微细加工 传感微系统的集成方法	微电子工艺 微系统集成技术
科研成果的规范输出	论文/专利/报告调研与撰写	专业写作与口头表达

图 3　核心课程矩阵

2.逐级挑战的课程设置

以本为本，针对电子科学与技术专业学生的特点，将挑战性课程方案的设计聚焦在电子科学技术专业通过对应知识结构与科研项目及工程应用有机结合上，并形成难度逐级提升，贯通四年的挑战性课程方案（见图4）。整个培养方案趣味性强、展示度高，将科研课题融入本科教学环节，难度逐级提升，贯穿四年，保证了课程的实践性和挑战性。

在原有核心课程的基础上，一年级"玩一玩"，以体验为主，增设较为通识性的挑战课程"传感芯片应用开发基础"，辅助综合课程实验，让学生了解学科知识前沿与实际工程应用；二年级"想一想"，以探究为主，对"传感器信号处理电路设计""传感器原理与设计方法"等传统课程进行教学内容改革，增设挑战任务"传感芯片信号处理"，让学生进行探究式学习；三年级"做一做"，以挑战为主，在"微电子器件基础""微电子工艺""微系统集成技术"等传统课程的基础上，增设"传感器芯片微细加工工艺"课程，开设两个挑战任务"传感芯片实现与测试""传感芯片及应用系统"；四年级"闯一闯"，以创造为主，让学生进行自主设计的大挑战项目申请并完成大挑战项目内容，替代原有的毕业设计，让学生进行创作型自主式学习。

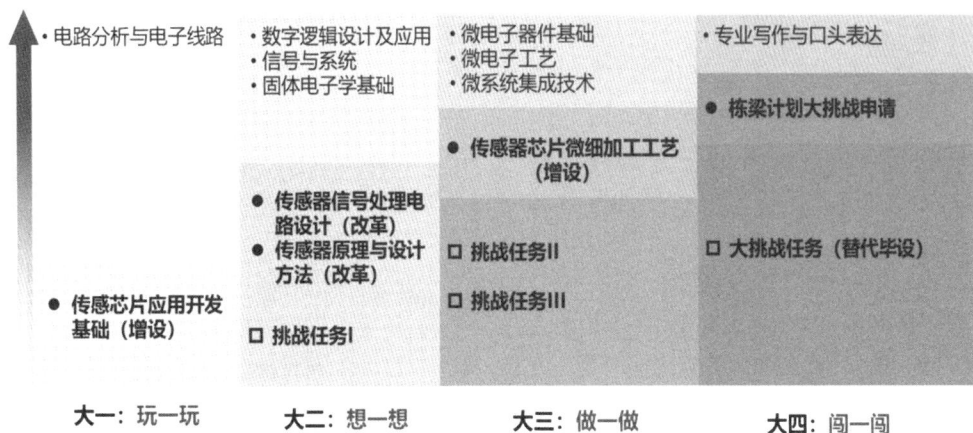

图 4　挑战性课程方案

73

3.基于课程的挑战性任务设置

为保证学生对核心课程专业知识的掌握，选取"随身健康保姆""未来急诊室助手""位置感应小精灵"三个具体应用，结合实际场景，构建趣味性强、展示度高的挑战性任务，在挑战性任务中让学生对相关知识进行综合应用，达到融会贯通的目的。

（1）逐级挑战任务设置

基于"随身健康保姆""未来急诊室助手""位置感应小精灵"三个"实战演练型"课程项目，设置三个阶段的逐级挑战任务，每个阶段相对独立但又紧密联系。学生根据个人兴趣在每个阶段任选一个项目加入并进行实战训练，每个项目的内容虽然有差异但是目标一致（见图5）。三个阶段的逐级挑战任务成为检验学生专业核心知识掌握程度的"试金石"，逐级挑战任务的设置，让学生从接触学科知识开始，经历发现问题、提出问题、定义问题、概念设计、性能预测、构建/制作原型、测试的反复迭代与逐级进阶，并在此过程中启发并实训多维度、多元化的技术创新思维、发散性思维与创新热情，得到完整的科研训练。[10]

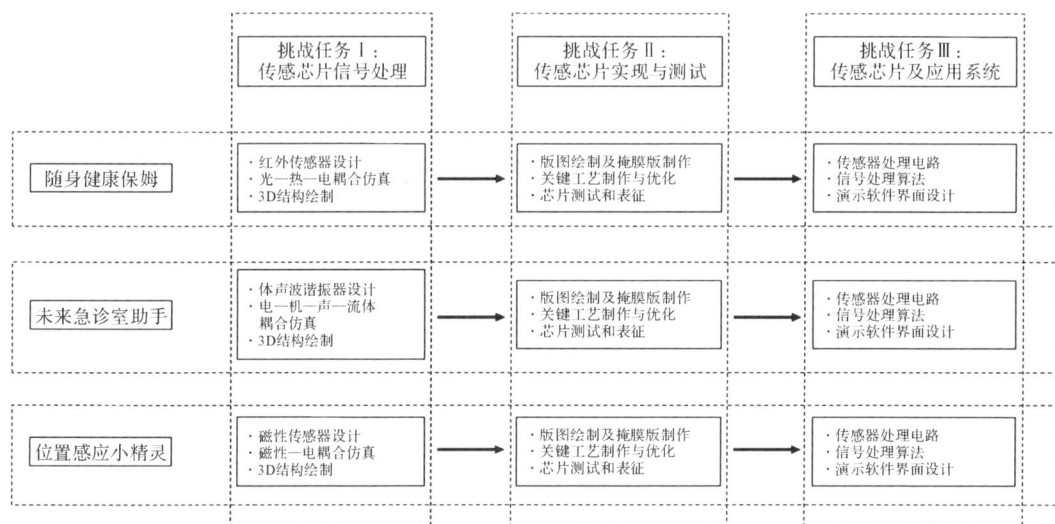

图5　逐级挑战任务设计

（2）大挑战任务设置

在三个逐级挑战任务完成后，学生根据个人兴趣自主设计并申请大挑战任务，用大挑战任务替代原有的毕业设计环节（见图6）。大挑战任务的内容更加开放和创新，学生根据自己掌握的知识情况及个人兴趣，2～3人一组，申请大挑战项目并与导师讨论项目可行性，在论证可行性后开始大挑战任务。大挑战任务涉及的内容广泛，既有基础的科研内容，比如新的材料与器件工艺，气相沉积、单晶转移，又有面向应用的系统开发，CO_2动态呼吸测试系统，还可以涉及分立器件板级组装到芯片集成系统封装的工艺方法研究，或者主动气体检测到被动目标识别的系统架构设计研究。自主申请的大挑战任务，可以涵盖"软件—电路—芯片—系统"电子科学与技术学科全链条知识架构，起到锻炼学生综合实践的能力，为后续研究生的培养奠定坚实的理论与实践基础，达到令其"知其用，知其如何用"的目的。

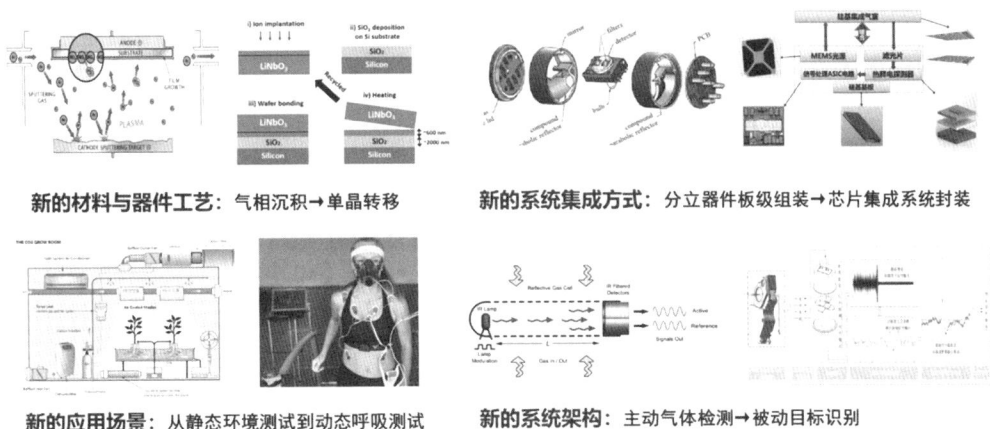

新的材料与器件工艺：气相沉积→单晶转移

新的系统集成方式：分立器件板级组装→芯片集成系统封装

新的应用场景：从静态环境测试到动态呼吸测试

新的系统架构：主动气体检测→被动目标识别

图6 大挑战任务设计

四、结语

未来新技术、新产业、新业态、新模式的产生与发展，将会给人类的生活和生产带来前所未有的变化，电子科学与技术作为新技术、新产业、新业态、新模式原生动力，已经成为各国优先发展的重要技术之一。要加快我国电子科学与技术的发展，就要求我们必须加快新工科的建设，培养更多实践能力强、综合素质高、具有全球竞争力的工程拔尖人才。

在电子科学与技术学科工程拔尖人才培养的探索中，电子科技大学电子科学与工程学院与中科院上海微系统所、中科院苏州纳米所、芯原微电子（成都）有限公司等科研院所及高新企业建立深厚联系与合作，面向国家重大战略需求，以国家重点项目为基础，以"唤起好奇、激发潜能、全程贯通"的指导思想，构建核心课程矩阵，设置逐级挑战任务。近5年来，所培养的学生在中国国际"互联网＋"大学生创新创业大赛、"挑战杯"全国大学生课外学术科技作品竞赛、"挑战杯"中国大学生创业计划竞赛、国家级大学生创新创业训练计划中获得佳绩，在 Advanced Materials（《先进材料》）等权威期刊上发表学术论文。在"新工科建设·工学院院长峰会"等多个场合就电子科学与技术学科工程拔尖人才培养的理念和经验进行交流和推广，与新加坡国立大学、香港科技大学、澳门大学、北京大学、东南大学等院校进行广泛交流。

参考文献

[1] "新工科"建设复旦共识[J].高等工程教育研究,2017(1):10.

[2] "新工科"建设行动路线（"天大行动"）[J].高等工程教育研究,2017(2):24.

[3] 新工科建设指南（"北京指南"）[J].高等工程教育研究,2017(4):20.

[4] 李培根.工科何以而新[J].高等工程教育研究,2017(4):1.

[5] 吴爱华,杨秋波,郝杰.以"新工科"建设引领高等教育创新变革[J].高等工程教育研究,2019(1):4.

[6] 人民日报.习近平在清华大学考察[N].人民日报,2021-4-20(1).

[7] 殷树娟.集成电路设计专业的本科实践教学探索[J].实验室研究与探索,2013,32(12):149.

［8］林健.新工科专业课程体系改革和课程建设[J].高等工程教育研究,2020(1):1.

［9］曾勇,黄艳,向桂君,等.从新生项目课开始:新工科建设"成电方案"的设计与实践[J].高等工程教育研究,2020(1):15.

［10］黄廷祝,黄艳,杨建宇."科研育人"新工程教育:认识、思考与实践[J].中国大学教学,2021(7):37.

Exploration and Practice of Top Engineering Talent Training Mode in Electronic Science and Technology from the Perspective of Emerging Engineering Education

Wu Jian,Luo Wenbo,Zeng Huizhong,Peng Bin,Zhang Wanli

Abstract: It has become one of the important ways to solve the "bottleneck" problem in China to train top engineering talents in electronic science and technology from the perspective of emerging engineering education. The school of Electronic Science and Engineering of University of Electronic Science and Technology of China is oriented by major national demand,to train engineering practice ability,and set up core courses matrix by corresponding "targets" in engineering application to "knowledge" of the knowledge structure pulled by the actual demand,relying on the national key laboratory of scientific research team of "sensor chips" for national key projects. We set up step by step challenge tasks in specific applications combined with the actual scene,and eventually form the mode of "arousing curiosity,stimulating potential, and penetrating the whole process",in order to further improve the training quality of top engineers in electronic science and technology,and provide reference for the reform of top-notch talent training in related professions.

Keywords: Emerging Engineering Education;Electronic Science and Technology;Top Engineering Talent Training